金哲彦の

マラソンレース必勝法42

10日前から読めば速くなる!

実業之日本社

はじめに

チャレンジするアスリートたちへ

この本を手にとっているあなたは、おそらくこれからフルマラソンを走ろうと思っている人だろう。もしくは、「走ろう」という気持ちはまだ固まっていないが、「マラソンを完走するってどんなこと?」と興味をもち始めている人かもしれない。程度こそ違え、少なくとも、あなたが〝マラソン〟というものに興味・関心があることは確かなはず。

昨今は、空前のマラソンブームである。マラソンは、もはやトップアスリートだけのものではなく、一般市民にとっても身近なものになりつつある。あなたの職場や周囲にも、フルマラソンを経験したことがあるランナーが、ひとりやふたりいるのではないだろうか。

しかし、どんなベテランランナーにとっても、フルマラソンを走るのは決して楽ではない。42・195㎞というとてつもなく長い距離を、誰の力も借りず、たったひとりで走りきらなくてはならない過酷なスポーツである。だから、何度完走を経験しても、スタート地点に立てば、なにかしらの不安が常につきまとう。

レースに参加する人は、必ずなにかしらの目標をもって挑むはずだ。

「とにかく完走したい」

「このタイムをクリアしたい」

「ライバルよりも先にゴールしたい」

目標に掲げる具体的な内容やレベルはさまざまだが、それぞれの目標に向かって日々のトレーニングに励むことになる。

多くの市民ランナーは、容易に練習時間を確保できない。毎日の業務に忙殺されるビジネスマンだったり、家事や子育てに追われる主婦だったり……。日常生活の合間に、きちんとした練習をこなすことはなかなか難しく、思い通りのトレーニングを積めない人も多いだろう。

しかし、マラソンという目標があれば、生活には緊張感が生まれる。

「脂っこいものを食べるのは、ちょっとやめておこう」

「タバコの本数を少し減らさないと」（タバコそのものをやめてほしいが……）

「アルコールはしばらく控えよう」

「帰宅の途中、ひと駅手前で降りて家まで歩いてみようかな」

レースにエントリーしたことによって、気持ちのなかにちょっとした変化が生じる。トレーニングそのものではなくても、日ごろの行動に、あるいは生活スタイルに、ちょっとした気配りが始まる。マラソン大会本番を迎えるために過ごす日々から、すでにレースはスタートしているのだ。

レースに向けたトレーニングは、目標レベルによって異なる。レースに向けての精神的な高ぶりも、人それぞれかもしれない。しかし、レースに挑むために、肉体的あるいは精神的な準備をし、そして実際にレースにチャレンジすることを考えれば、マラソン大会に参加する誰もがみな立派な「アスリート」なのだ。

本書では、フルマラソンを走るすべての人に向けて、レースを成功に導く秘訣や、レースで失敗しないための注意点など、大会前にもう一度確認してほしい42のポイントを挙げている。レースを目前に控えた時の状態確認から、スタート直前の準備、レース序盤の走り方、中盤の心構え、そして、終盤のラストスパート、レース後のケアまで。マラソンランナーに起こりがちな肉体のトラブルや気持ちの変化、技術論まで含め、さまざまなポイントやコツを整理した。

大会を目前に控え、レースまでいよいよあと数日。

初マラソン挑戦は決めたものの不安を感じている人、レースになると同じ失敗をして失速を繰り返してしまう人、今回はベストタイムを狙おうと意気込んでいる人。あるいは、納得のいくトレーニングが積めた人、順調に練習を積めず不安が大きい人……。

スタートに立つランナーの目標や気持ちは十人十色だが、すべてのランナーにとって、42・195㎞という長い距離が平等に待ち受けている。

マラソン大会にエントリーしたら、この本を読み、マラソン本番を走るまでのイメージをもってほしい。そして、大会が10日前に近づいた時に、あるいはレース前夜に、もしくは会場に向かう電車のなかでこの本を読み返し、スタートラインに立ってもらいたいと思う。本書のエッセンスが、納得と満足と感動のゴールへ必ずや導いてくれるはずだ。

目次

マラソンレース必勝法

マラソンレース必勝法 01

レース10日前①

初心者 中級者 上級者

土壇場でジタバタするのはケガのもと

レース直前、過ごし方の決め手は「計画性」

レース10日前。いよいよ本番が近づいてくると、ランナーたちの不安は大きくなる。42・195kmという大きな数字が不安を増長させるのだ。

マラソンは受験に似ている。勉強《トレーニング》をサボった時期もあった。これまでやってきたことが十分なのかどうかもわからないまま、迫りくる試験本番《レース》が、一層焦りをかきたて、漠然とした重圧が受験生《ランナー》たちにのしかかる。

不安が募る一方、レースを目前に控えたランナーのモチベーションは、まるで、楽しみにしている遠足を数日前から指折り数える小学生のように高まる。

レース1週間前ともなると、さすがに直前すぎて、試験前夜同様「あきらめムード」にもなるのだが、もっとも危険なのは〝1週間前から2週間前にかけて〟である。

不安な気持ちと高まるモチベーションは、ある種の異常行動を引き起こす。いわゆる「走って不安を消す」というやつだ。つまり、レースへの不安を解消するために、直前になってむやみに練習量を増やしてしまうのだ。「走って安心したい」という心理も手伝って、なかには、レース直前になって突如30㎞走という暴挙に出るランナーもいる。

レース10日前からの調整法としては、徐々に練習量を減らすことで体調のピーキング（レースに調子のピークをもってくること）に努めるのが正しい。レース直前の「悪あがき」ともいえる無謀な練習増加は、結果的に、レースに向けた調子のピーキングを崩し、場合によっては無用なケガにつながることすらある。仮にケガをせずに済んだとしても、レースを迎える時には疲労が残った状態なので、精神的にも不安定になりがちだ。したがって、レース直前、ギリギリになってから急激に走る量を増やすのはやめた方がいい。

では焦る気持ちをどうすればいいか。

答えは「自分を客観視する」ことである。

今一度、これまでやってきたことを長いスパンで振り返り分析してみよう。トレーニング日誌を定期的に記述している人であれば、直近2、3カ月の記録を読み返すのもいい。

しっかり計画通りトレーニングを積んできたのであれば、もはや心配はいらない。走る量を不必要に増やす必要はない。トレーニングの量を減らし、ここまで溜まってきた疲労を抜くことに専念しよう。せっかく積んだ練習をレースで生かし成功するためには、最高の体調でスタートラインに立たなければならないのだ。

ただし、練習量を落とす際の体調維持には注意しよう。練習量を落とすことで、それまでの緊張感が思わず緩んでしまうことがある。マラソンレースは冬場に開催されることが多く、風邪をひきやすい時期である。健康管理には十分気をつけたい。

特にトップアスリートのように、身体も絞れ、体脂肪が少なくなると、さらに体調管理に慎重を期《き》す必要がある。風邪をひけば、せっかく鍛えた筋肉は緩んでしまう。肉体を極限まで研ぎ澄ませた状態になると、皮下脂肪が減ることで抵抗力も弱まるのだ。

正月の注目レース「箱根駅伝」では、レース直前に風邪をひいてしまった選手は、まず起用されない。たまに、潜在能力が高いエース級の選手が体調を崩してしまい、選手として強行起用してしまうケースを目にするが、その選手は最初調子よく走っていても、基礎体力や筋持久力が落ちているために、途中で失速してしまうケースがほとんどだ。

☑ レース10日前からの過ごし方

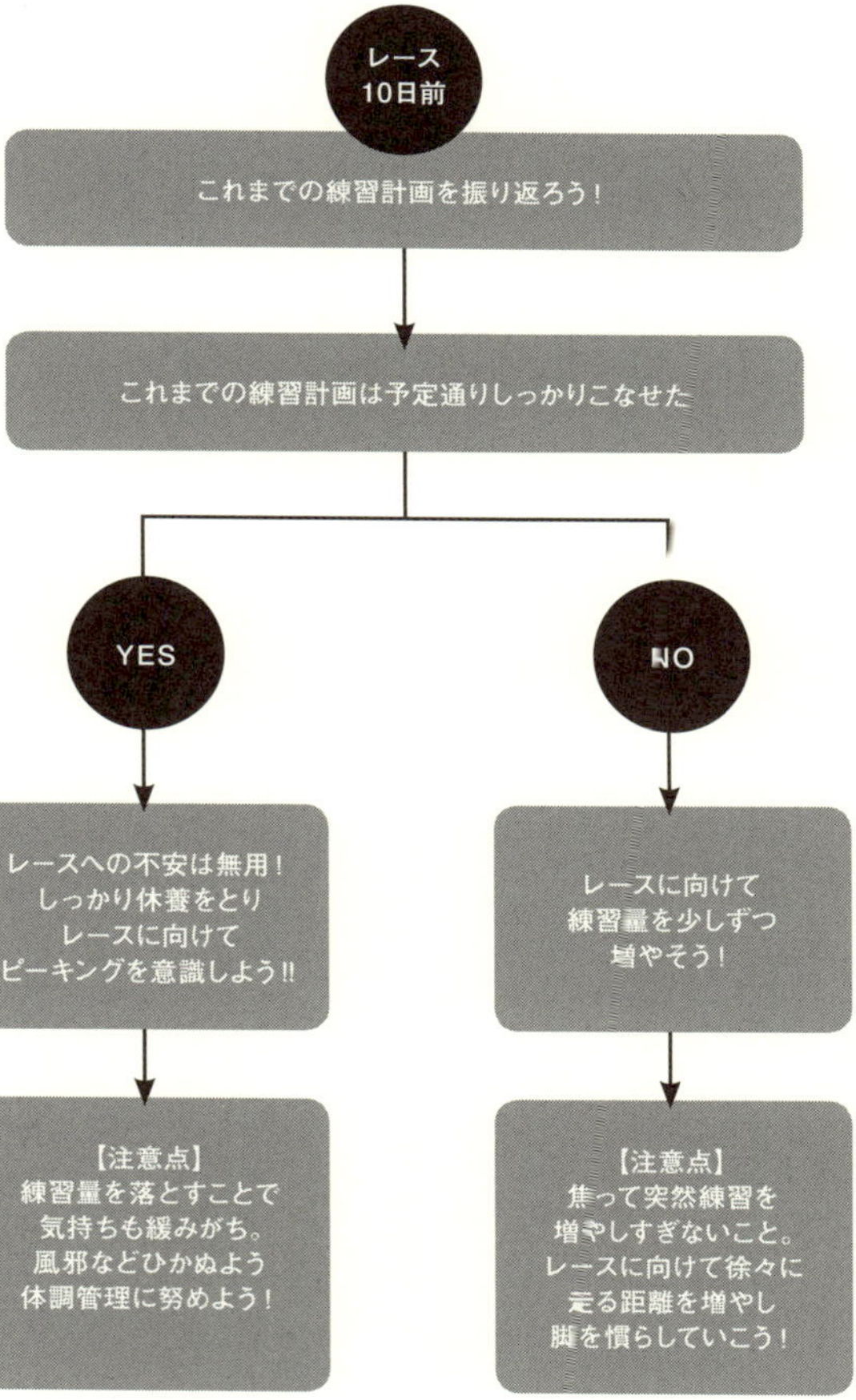
レース
10日前
これまでの練習計画を振り返ろう！
これまでの練習計画は予定通りしっかりこなせた
YES
NO
レースへの不安は無用！
しっかり休養をとり
レースに向けて
ピーキングを意識しよう!!
【注意点】
練習量を落とすことで
気持ちも緩みがち。
風邪などひかぬよう
体調管理に努めよう！
レースに向けて
練習量を少しずつ
増やそう！
【注意点】
焦って突然練習を
増やしすぎないこと。
レースに向けて徐々に
走る距離を増やし
脚を慣らしていこう！

エリートランナーに限らず、レース直前で身体が仕上がれば仕上がるほど、体調管理には十分留意したいものである。

さて、一方で問題となるのは、ここまで計画通りの練習を積めなかった人である。それでも、突然練習量を大幅に増やすのは危険だ。

走り込み不足が顕著な人は、レース当日に向けて少しずつ練習量を増やしていくようにしよう。その際のポイントは、「徐々に少しずつ」ということ。この場合、レースの際に多少の疲労が残っていることはやむを得ないが、レースに向けて緩やかなカーブを意識しながら練習量を増やしていけば、本番で走る時に、ダメージが多少あっても、筋力が上がってくるので案外走りきれるものである。

いずれにせよ、レースまでの計画は非常に重要だ。レースに向けたトレーニング計画はもちろんだが、それをしっかりこなせなかった場合も含めた、レース直前の過ごし方の計画にも細心の注意を払う必要がある。思いつきで〝不安を振り払うために走る〟といった行き当たりばったりの無計画では、マラソンでの成功は得られない。

マラソンレース必勝法
02

レース10日前②

初心者 中級者 上級者

「乾杯」の我慢が「完敗」を防ぐ

マラソンと肝機能の意外な関係

ランニングをしたことがない人にとっては、マラソンというとストイックに自分を追い込み、走っているイメージがあるかもしれないが、意外にもマラソンランナーにはお酒好きが多い。

特に、「走った後のビールが、この世で一番おいしい飲みものだ」と思っているランナーは少なくないのではないだろうか。仕事帰りにランニングを楽しみ、シャワーで汗を流して、ラン仲間とビールを酌《く》み交わすという人も多いはずだ。なかには、「おいしいお酒を飲むためだけに走っている」という酒豪ランナーまでいるように、ランナーとお酒は結構相性がいい。かくいう私も〝ビール大好きランナー〟のひとりである。

しかし、このアルコールは、ランナーにとって特に注意が必要な代《しろ》ものなのだ。というのも、マラソンは肝臓を酷使するスポーツだからだ。

レース前日にお酒を控えるランナーは多いだろう。これは、アルコールを摂取すると、利尿作用により脱水症状を促進するという知識から、気をつけているのだと思う。人によっては、大好きなアルコールを控えることが、レースでの好結果につながると信じ込み、いわゆる「願掛《がんか》け」をしているランナーもいるかもしれない。しかし実はそれ以上に、ランナーにとって、「酒抜き」の効果は「肝臓を十分に機能させること」にある。

42・195kmという長い距離を走ることによって、日常では経験しない筋肉の破壊が起こる。レース後には、筋肉疲労のほか内臓疲労も起きる。肝臓のみならず、胃や腎臓《じんぞう》にも大きな負担を及ぼす。脚が重い感覚は筋肉疲労からくる場合が多いが、全身がなんとなく重くダルい感覚は、内臓疲労から生じるケースが多い。

いずれにしても、レースによって肝臓は大きなダメージを受ける。しかし、疲労回復にも肝臓が大きな役割を果たすことから、レース前には肝臓をいい状態に整えておきたい。その意味では、マラソンを走るための「肝機能」を考えると、レース前日に、1日お酒を抜いただけでは決して十分ではないのだ。

ついつい飲みすぎてしまうと、摂取したアルコールを分解するために、肝臓は酷使される。しかし、肝臓の疲労はなかなか本人は気づかないもの。肝臓は〝沈黙の臓器〟ともよばれるように、疲労をあまり表にださない。肝臓に関する疾患が表面化した時には、相当悪くなっていることが多いのもこのためである。

マラソンレースでは肝臓に負担がかかるので、レースでベストパフォーマンスを示すためには、肝機能をフルに発揮できるよう肝臓をフレッシュな状態にしておいた方がいい。なによりいいのは、肝臓をしっかりと休めること。

よくお酒を飲む人たちが、お酒を飲まない日を「休肝日《きゅうかんび》」などと称すように、肝臓の負担を減らし、機能を回復させるためにもっともいい手段は、お酒を飲まないことだ。レースを迎えるに当たり、数週間にわたって断酒することができれば、肝臓への負荷が減り、リフレッシュされることは確かである。

しかし一方で、断酒がストレスになってしまう場合もある。実際にトップアスリートでも、レース前日にアルコールを飲む選手は少なくない。市民ランナーの人たちも無理して断酒までする必要はないと思う。特に、断酒によるストレスを感じてしまうくらいなら、多少は飲んでもいい。

ただし、レースが近づいてきたら、肝臓をいたわり、できるだけ酒量を減らそう。普段、生ビールをジョッキで2、3杯、焼酎のロックを2、3杯飲む、という人であれば、それを1杯ずつにするだけでも、肝臓への負担はかなり違うはずだ。

マラソンレース必勝法

03

「刺激」が明暗を分ける

レース10日前③

初心者 中級者 上級者

1週前のリハーサルがレース成功への運命の分かれ道

レース1週前になったら、本番を意識した予行演習で、一度身体に刺激を入れたい。レースの目標ペースに近いスピードで走る10㎞のペース走でもいいし、15㎞程度のビルドアップ（はじめペースを遅くスタートし、徐々にペースを上げていくトレーニング）や、レースに近いペースでの20㎞持久走などもいいだろう。それまでのトレーニングが順調に積めていて、かつ体力のある人であれば、ハーフマラソンの大会に出てもいいくらいだ。

ちなみに、2時間10分を切るタイムでフルマラソンを走る男子のエリート選手であれば、10㎞を29分30秒程度で走るのが1週前のトレーニングイメージ。10㎞のベストタイムが28

分程度の選手が、30分をやや上回るくらいのレースペースで走るので、実際のレースペースよりも少し速いペースでのトレーニングとなる。あまり長すぎない距離設定ではあるが、このくらい負荷の高いペースで身体に刺激を入れるのがちょうどいい。

実際には、サブ4（フルマラソンで4時間を切ること）よりも遅いタイムが目標という市民ランナーには、90分から120分程度のLSD（ロングスローディスタンス＝ゆっくり長く走るトレーニング）がオススメだ。レース本番はいつもジョギングしている程度のペースでの完走が目標になるから、LSDでも十分に刺激になる。

しかし、サブ3程度のタイムでゴールを目指すランナーであれば、自分の脚の筋肉と心肺機能に関して、最大級のパフォーマンスを発揮する必要がある。そのためにも、レースペースよりもやや速いペース走などをしっかりこなしておこう。1kmあたり4分15秒で走るサブ3ランナーであれば、1kmを3分50秒から4分程度のペースがいいだろう。

レース1週前のやや負荷の高いトレーニングメニューは、練習を通じて、レースに近い刺激を与え、身体にレース感覚を植えつけるのが目的。この時、筋肉や心肺機能など、部分的に特化した刺激を与えるのではなく、総合的なトレーニングの要素を組み合わせることによって、本番をイメージした身体全体の動きを確認することが重要だ。

たとえば、レースがアップダウンのきついコースであれば、この日にアップダウンのある練習をこなしておくといい。レース直前になってから、負荷が強すぎる練習を行うことは禁物なので、この1週前くらいの予行演習で済ませておきたい。

また、この負荷の高いトレーニングは、レース前に、ただ単に身体への刺激を加えることだけが狙いではない。ランニングメニューだけではなく、翌週のレース本番を意識した総合的な予行演習にすると、なおいっそう効果的だ。つまり、レースの「リハーサル」の意味も含んでいるのである。

翌週の日曜日がレースだとすると、前の週の土曜日ないし日曜日の準備が重要だ。

たとえば、金曜日（土曜日）はレース前日のイメージで過ごし、お酒も控えて、早めに就寝する。土曜日（日曜日）は、本番当日同様、スタート時間から逆算して起床し、食事をとり、レースのスタート時間に合わせて練習を開始する。こうすることで、脳と身体が1週後のレースをイメージすることができ、レースでもより高いパフォーマンスを期待することができる。

特に、タイムにこだわる上級者ランナーで、自己記録更新を目指すレースや、思い入れの強いレースなど、自分のなかで「狙っているレース」であれば、ぜひ試してほしい。

☑ レース1週前、身体に刺激を与えよう！

サブ3を目指すランナー ▶▶▶ 目標とするレースペース ＝ 4分15秒

レース1週前のオススメ練習メニュー

○10kmペース走：3分50秒～4分程度
○20km持久走：レースペース（4分15秒）

サブ4を目指すランナー ▶▶▶ 目標とするレースペース ＝ 5分40秒

レース1週前のオススメ練習メニュー

○10kmペース走：5分30秒～6分程度
＋WS（ウインドスプリント）5本など

↓

レース当日の
ペースを意識して
身体に刺激を
加えよう！！

「歩き」が「走り」を助ける

ウォーキングがもたらす効用

レース1週前をきり、残り3日。この時期になると練習不足がますます気になり、焦りを感じる人も多いはず。また順調にトレーニングを積めていたとしても、マラソントレーニングでは、レース2週間ほど前から徐々に練習量を落としていくのがセオリーだ。セオリー通りとはいえ、練習量を落とす時期を迎えると、これまで積んできたトレーニングと比較してもの足りなさを感じる人もいるだろう。このタイミングで行うトレーニングとしては、「歩き」すなわち「ウォーキング」がかなりいい効果を発揮する。

ウォーキングは、レース前の調整を目的とする補助的運動として最適であると同時に、究極の有酸素運動である。

しっかりとペースを落としてゆっくり走っても有酸素運動になるが、下手に勢い込んで走ると、無酸素的な運動になってしまい、結果的に乳酸が溜まり筋肉の状態が悪くなる。しかも、レース直前のこのタイミングで無理をして長い距離を走ると、故障のリスクもでてくる。しかし、ウォーキングであれば故障することはないし、どんなランナーにも例外なく有酸素運動になるので安心だ。

身体がある程度仕上がったこの時期のトレーニングは、筋力アップの効果よりも、トレーニング量を落とした身体に、循環器系の働きを呼び戻すのが最大のテーマ。1~2時間ほどウォーキングすると、脚に大きな負担をかけることなく、毛細血管までしっかりと刺激し、身体の隅々まで酸素を送り込むことができる。

レース2週間ほど前から練習量を徐々に落としたことによって、疲労はすっかり抜け、レース3日前には身体が軽く感じられるようになっている。

身体が軽い状態で、レースをイメージしながら軽快なランニングを30分すると、「気持ちいい」感覚になり、ともするとペースを上げすぎてしまう場合がある。実はこれが怖い。レース本番で、序盤は好調に走れていたものの、後半に入って一気に疲労が襲ってきて失速してしまうというケースは、身体が軽く調子がよすぎてオーバーペースになってしまうのが原因であることがほとんど。

そういった意味では、ウォーキングをレース本番のウォーミングアップに活用するのも有効な方法である。たとえば、30分のウォーキングでウォーミングアップをすると、脚が軽くなることはない。ウォーキングをすると、どちらかいうと、「重い」「けだるい」といった感覚になるはずだ。しかも、スタート直後、脚に重さが残るため、しっかりペースを抑えてレースに入っていくことができ、オーバーペースを防ぐことができる。多少の重さを感じながらも、最後までバテることのない筋力の維持が可能なのだ。これは、ウォーキングによって身体全体の毛細血管までしっかりと刺激され、筋肉の持久的機能、いいかえれば、筋持久力を最大限に引き出すことができるためである。

練習量を落とせば、筋力低下が始まる。補助的に筋力をアップさせるのはこの時期に行う重要なトレーニングではあるが、それ以上に、有酸素運動によって筋持久力機能を上げる意識が重要だ。

レース3日前。今さら焦って走っても仕方ない。身体全体の機能を高める意識をもち、30分と言わず、1時間や2時間かけてゆっくりとウォーキングで汗を流そう。

3日前
3days ago
失速
3日前
3days ago
軽快

ペース感覚は〝眼〟でつかむ

レース3日前②

初心者 中級者 上級者

レースペースの決め方と最終チェック

レース直前3日前。最終調整にジョギングやペース走を行う人もいるだろう。この時期、走るペースには特に注意が必要だ。

この時期に走るペースは、レースでの走りに直結する。速すぎれば、レース本番でのオーバーペースを引き起こし、遅すぎれば、自分がもつポテンシャルを発揮しきれず悔しい思いをすることにもなる。

サブ5など、ジョギングペースで完走を目指すランナーの場合、レース3日前のトレーニングはジョギングやウォーキングで十分。

しかし、特にサブ4以上のタイムを狙うランナーにとって、レースで目標とするペースを意識して、身体に染み込ませておくことは、日ごろのトレーニングで培う課題であと同時に、レース直前にもチェックしておく必要があるテーマのひとつだ。

そもそも、レースペースはどのように決めるべきか。

サブ4を目指すランナーであれば、1㎞あたり5分40秒というペースが目安になる。実際には、5分40秒ギリギリでいくのは余裕がなく、トラブルがあった場合には目標タイムをクリアできなくなるので、本当にサブ4を目指したいのであれば、普段から5分30秒くらいのペースを身体に覚え込ませておくべきである。目標とするタイムをイーブンで走破すれば達成できるペースよりも、1㎞あたり5秒から10秒程度速いくらいのペースを、実際のレースペースに設定するといい。

このペースをできるだけイーブンでキープして走るイメージを身体が覚えていれば、レース終盤に多少ペースが落ちても、粘ってゴールまで辿り着けるはずだ。

ただし逆に、これ以上ペースを速く設定しすぎてしまうと、今度はオーバーペースで、レース後半大きく失速することにもなりかねない。この微妙なさじ加減が明暗を分ける。

目標とするペースが決まると、あとはこのペースをずっとゴールまで維持できれば、目標を達成できることになる。ベテランランナーであれば、このペースをすぐに思いだし、大きな狂いなく走ることはたやすいかもしれない。しかし、さほど経験が多くないランナーにとっては、重要であるにもかかわらず大変難しいテーマである。

走るペースは動物的な感覚でつかむものだ。

脚を何度の角度で踏み込み、腕を何度の角度で振り上げる。そうした理論ではなく、あくまで身体感覚によって身につける。

ペースをつかむ身体感覚のなかで最も重要なのは視覚である。一定のペースを守って走るためには、走ることによって視界を風景が流れていく感覚と、それに伴う身体の動きの感覚を一致させることが重要だ。

ちなみに、ペース感覚とはスピード感覚のこと。この感覚は、自転車や車の運転と似ていて、たとえば、ベテランのドライバーはスピードメーターをみなくとも、だいたいどのくらいのスピードで走っているかがわかる。

レース前に練習量を減らすことによって、特に初心者のランナーたちは、このペース感覚を忘れてしまいがち。レース1週間前までに練習したペース感覚を、すでに忘れてしまっているケースも多い。そこで、レース直前のこのタイミングでもう一度思いだし、あらためて身体に覚え込ませる必要があるのだ。

自分が目標とするペースが1km5分30秒であれば、実際に走った際に、「5分30秒はこれくらいだろう」と、自分が感じるペースが速いのか遅いのかを1kmごとにチェックしてみる。あまりにも速すぎたり遅すぎたりする場合は、感覚の修正が必要だ。この精度を高めておけば、本番で思いもよらぬペースで走ってしまう可能性は低くなる。

トラックを使って練習できる人は、たとえば100mや200mごとに細かくペースをチェックすることも可能だ。そこで微調整しながら、自分のスピード感覚をなじませていけばいい。身近にトラックがなくても、1kmごとに距離のわかるコースで走ってみて、日ごろのトレーニングのペースと比較して、身体に思い出させるのもいい。

ペース感覚は視覚で身につけるため、視覚障害者ランナーが走るのは非常に大変だと思う。伴走者との呼吸はもちろん、ペースをつかむには相当な困難が伴うだろう。

天候や地形、体調によってペース感覚が崩れてしまう人もいる。暑くなると遅くなるというのは、視覚によるスピード感覚ではなく、心臓の苦しさや身体の疲労感に頼っている可能性が高く、それをペース感覚と勘違いしているのではないだろうか。視覚からのスピード感覚が身につけば、レースでペースが乱れる心配も少なくなるはずだ。

中間点	25km	30km	35km	40km	ゴール
1:14:54	1:28:45	1:46:30	2:04:15	2:22:00	2:29:48
1:19:49	1:34:35	1:53:30	2:12:25	2:31:20	2:39:38
1:24:44	1:40:25	2:00:30	2:20:35	2:40:40	2:49:29
1:29:40	1:46:15	2:07:30	2:28:45	2:50:00	2:59:20
1:34:56	1:52:30	2:15:00	2:37:30	3:00:00	3:09:53
1:39:52	1:58:20	2:22:00	2:45:40	3:09:20	3:19:43
1:44:47	2:04:10	2:29:00	2:53:50	3:18:40	3:29:34
1:49:42	2:10:00	2:36:00	3:02:00	3:28:00	3:39:25
1:54:59	2:16:15	2:43:30	3:10:45	3:38:00	3:49:58
1:59:33	2:21:40	2:50:00	3:18:20	3:46:40	3:59:06
2:04:50	2:27:55	2:57:30	3:27:05	3:56:40	4:09:39
2:09:45	2:33:45	3:04:30	3:35:15	4:06:00	4:19:30
2:14:40	2:39:35	3:11:30	3:43:25	4:15:20	4:29:21
2:19:57	2:45:50	3:19:00	3:52:10	4:25:20	4:39:54
2:24:52	2:51:40	3:26:00	4:00:20	4:34:40	4:49:44
2:29:48	2:57:30	3:33:00	4:08:30	4:44:00	4:59:35
2:34:43	3:03:20	3:40:00	4:16:40	4:53:20	5:09:26
2:39:59	3:09:35	3:47:30	4:25:25	5:03:20	5:19:59
2:44:55	3:15:25	3:54:30	4:33:35	5:12:40	5:29:49
2:49:50	3:21:15	4:01:30	4:41:45	5:22:00	5:39:40
2:54:45	3:27:05	4:08:30	4:49:55	5:31:20	5:49:31
2:59:41	3:32:55	4:15:30	4:58:05	5:40:40	5:59:22
3:04:57	3:39:10	4:23:00	5:06:50	5:50:40	6:09:55
3:09:53	3:45:00	4:30:00	5:15:00	6:00:00	6:19:45
3:14:48	3:50:50	4:37:00	5:23:10	6:09:20	6:29:36
3:19:43	3:56:40	4:44:00	5:31:20	6:18:40	6:39:27
3:25:00	4:02:55	4:51:30	5:40:05	6:28:40	6:50:00
3:29:55	4:08:45	4:58:30	5:48:15	6:38:00	6:59:50

☑ 目標タイム別ペース一覧表

目標タイム	1km	5km	10km	15km	20km
2:30:00	0:03:33	0:17:45	0:35:30	0:53:15	1:11:00
2:40:00	0:03:47	0:18:55	0:37:50	0:56:45	1:15:40
2:50:00	0:04:01	0:20:05	0:40:10	1:00:15	1:20:20
3:00:00	0:04:15	0:21:15	0:42:30	1:03:45	1:25:00
3:10:00	0:04:30	0:22:30	0:45:00	1:07:30	1:30:00
3:20:00	0:04:44	0:23:40	0:47:20	1:11:00	1:34:40
3:30:00	0:04:58	0:24:50	0:49:40	1:14:30	1:39:20
3:40:00	0:05:12	0:26:00	0:52:00	1:18:00	1:44:00
3:50:00	0:05:27	0:27:15	0:54:30	1:21:45	1:49:00
4:00:00	0:05:40	0:28:20	0:56:40	1:25:00	1:53:20
4:10:00	0:05:55	0:29:35	0:59:10	1:28:45	1:58:20
4:20:00	0:06:09	0:30:45	1:01:30	1:32:15	2:03:00
4:30:00	0:06:23	0:31:55	1:03:50	1:35:45	2:07:40
4:40:00	0:06:38	0:33:10	1:06:20	1:39:30	2:12:40
4:50:00	0:06:52	0:34:20	1:08:40	1:43:00	2:17:20
5:00:00	0:07:06	0:35:30	1:11:00	1:46:30	2:22:00
5:10:00	0:07:20	0:36:40	1:13:20	1:50:00	2:26:40
5:20:00	0:07:35	0:37:55	1:15:50	1:53:45	2:31:40
5:30:00	0:07:49	0:39:05	1:18:10	1:57:15	2:36:20
5:40:00	0:08:03	0:40:15	1:20:30	2:00:45	2:41:00
5:50:00	0:08:17	0:41:25	1:22:50	2:04:15	2:45:40
6:00:00	0:08:31	0:42:35	1:25:10	2:07:45	2:50:20
6:10:00	0:08:46	0:43:50	1:27:40	2:11:30	2:55:20
6:20:00	0:09:00	0:45:00	1:30:00	2:15:00	3:00:00
6:30:00	0:09:14	0:46:10	1:32:20	2:18:30	3:04:40
6:40:00	0:09:28	0:47:20	1:34:40	2:22:00	3:09:20
6:50:00	0:09:43	0:48:35	1:37:10	2:25:45	3:14:20
7:00:00	0:09:57	0:49:45	1:39:30	2:29:15	3:19:00

マラソンレース必勝法06

レース3日前③

初心者
中級者
上級者

備えあれば憂いなし

基礎知識がランナーを救う

マラソンにはトラブルがつきものだ。特に、42・195㎞という長い距離を走るフルマラソンというスポーツでは、なんの準備もなしにレースに臨むと、必ずなにかしらのトラブルが発生する。

考えられるトラブルの例をあげると、エネルギーぎれ、脚のけいれん、靴ずれ、マメ、男性ランナーであれば乳首がすれて血だらけになってしまう……など。しかし、これらのトラブルの大半は、事前に準備しておけば十分に防げることでもある。レースにもっていくもの、レースで使うものは、あらかじめ用意周到に準備しておきたい。

昨今ではマラソン大会にエントリーするのもひと苦労。半年以上前にエントリーしなくてはならないレースも多くなってきた。苦労してエントリーを果たし、参加費を支払ってレースへの出場を決め、以来、長い時間をかけてせっかく十分なトレーニングを積んできたのに、レース中に発生した小さなトラブルが原因で、思うような走りができないのはとても残念なこと。だからこそ、未然に防ぐことができるトラブルには、周到な準備で対応したい。

フルマラソンに必要なもののなかには、テーピングやワセリンなど、直前に気づき手に入れようと思っても、コンビニエンスストアなどでは手に入れづらい特殊なアイテムもあるので、あらかじめ用意する必要がある。トラブル防止用のグッズ類は、薬局やスポーツショップなどで購入し、レースに備えるべきだ。

「これくらいは大丈夫だろう」と流してしまうと、後で大きな災難となって降りかかるケースも少なくない。

私自身、スタート前には必ずワセリンやマメ防止用のムースなどを足の裏全体に塗って、マメトラブルを防ぐようにしている。足裏の皮膚とソックスとの摩擦が減ることで、低温やけどによるマメができにくくなるのだ。

ところが、あるレースで、「今日くらいは大丈夫だろう」とワセリンを塗らずに走ったことがある。案の定、大きなマメができてつらいレースとなってしまった。年間に10回近くフルマラソンに参加する私でも、油断すれば痛い目にあう。マラソンは難しいスポーツなのだ。

小さなトラブルでもレース序盤の早いタイミングで起きてしまえば、レース後半には大きなダメージになってしまうことも多い。トラブルを想定した準備は、いくらしてもやりすぎということはない。注意して準備を重ね、結果的にトラブルが起こらなければラッキー。「やりすぎかな？」と思うくらい細心の注意を払って準備をしておいたほうがいい。ランナーが、自分でトラブルを防ぐために重要なのは、「マラソンの基礎知識」をもつこと。

どのようなトラブルが起こりやすいか、トラブルを起こさないためにどんなアイテムが役に立つのか。こうした知識が、自分の身を守る。無知や、行き当たりばったりの無策は思わぬトラブルを引き起こす。

エネルギーぎれや低血糖になりやすいのであれば、ブドウ糖が有効だし、脱水症状を起こしやすければ、塩分を補給する塩飴などの準備は欠かせない。レース当日、雨が降った場合や、暑さ、寒さに備えて、ウエアはどんなものを何種類用意するのか。ハーフマラソンではなんとかなるものでも、フルマラソンでは誤摩化《ごまか》しがきかなくなるので油断は禁物。

ベテランランナーともなると、スポーツバッグにありとあらゆる状況を想定したウエアやシューズ、キャップ、サングラスに、薬やカットバン、日焼け止めなど、レースの日には、このバッグさえもって行けばどんな状況にも対応できるグッズ類を準備している。実際私も、そうした〝マラソンレースセット〟を常備している。

なかでも、薬用のオリーブオイルがオススメだ。やけどや子どもの肌荒れ対策にも使うように、肌に膜をつくる万能グッズで、ワセリン代わりにもなるし、冬場のレースの寒さを防いだり、雨を弾いたりもするので大変重宝する。

そのほか、私のバッグに常備しているものは次のページの写真を参考にしてほしい。基本的には、「自分にどんなトラブルが起こりやすいか」を想定しながら準備している。

ランニングウエア、シューズ、ソックス、アームウォーマー、キャップ（サンバイザー）、サングラス、下着、各種サプリメント、スーパーVAAM《ヴァーム》粉末、ブドウ糖、塩飴、テーピング、ワセリン（ディクトンスポーツ）、薬用オリーブオイル、カットバン、爪きり、鼻毛カッター（呼吸が楽になるように）、安全ピン（ゼッケンストッパー）、鼻孔広げ（ブリーズライト）、消毒液、マメ専用に貼るパッド、ボルタレン（消炎剤の塗り薬）、アスピリン（鎮痛剤）、風邪薬、胃薬など……。

私のバッグにはこんなものを入れている。今までのマラソンでの経験を元に、トラブルを防ぐ、あるいはトラブルが起こった時に軽減できるアイテムをそろえている。仕事柄、国内外のツアーに参加することが多いので、同行者のトラブル体験なども加味しながら、他のランナーのために用意しているものも多い。

自分の身体の特徴や、よく起こりやすいトラブルに合わせて、準備すべきものを事前に買いそろえておこう。

☑ マラソンレースセット

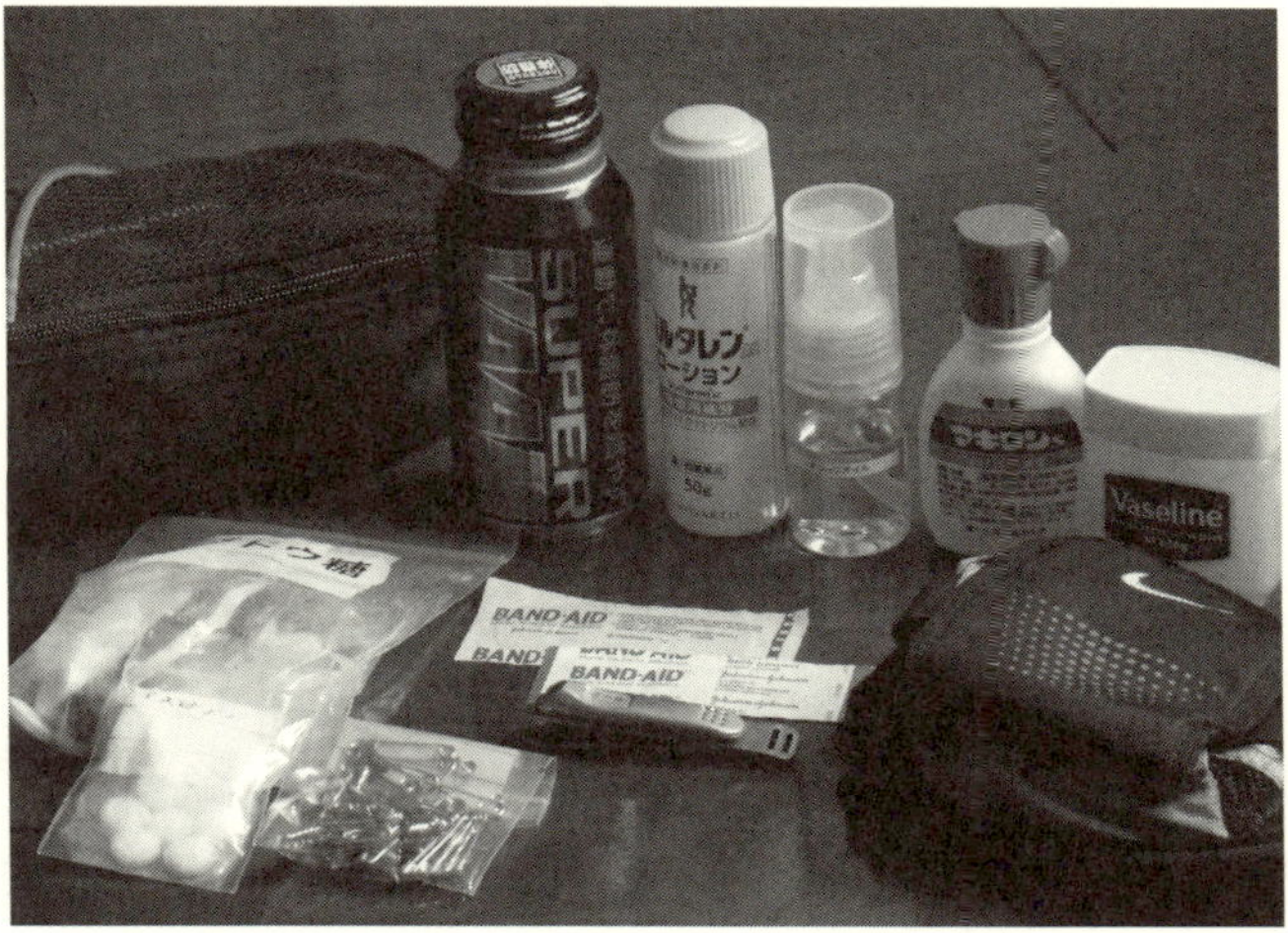

どんな状況下でのレースにも対応できるように、さまざまなアイテムをそろえている。「ちょっとやりすぎかな？」と思うくらいに細心の注意を払って準備をしよう

マラソンレース必勝法
07

用具選びは慎重に

レース前日①

初心者 中級者 上級者

ウエアからシューズまでランナーを支えるグッズとは

目標とするレースであればあるほど、スタイルにはこだわりたい。晴れの舞台では、できるだけデザインが格好いい真新しいウエアに身をまとって走りたいのがランナー心理である。女性であれば「ランスカ」と呼ばれるランニング用のスカートがすっかり市民権を得たように、各メーカーともランナーたちがオシャレを楽しめるようにさまざまな趣向を凝らすようになってきた。

昔と比較すると、ウエアもさまざまな機能を搭載したものが出現し、カラーやサイズ展開など、メーカーごとにバリエーションが増えてきたと思う。

着圧の強いタイツなども人気のアイテムだ。脚の疲労やむくみの軽減をうたっているものも多いが、脚をあまり見せたくないというランナーにもニーズはあるだろうし、紫外線を気にする女性ランナーにとっては日焼け防止の効果もあるだろう。また、肩甲骨周りの動きをよくしたり、姿勢矯正の効果があるランニングシャツも販売されている。

こうしたウエアは、市民ランナー向けのサポート機能などは多少期待できるかもしれないが、ほとんどのトップアスリートたちが、このような機能ウエアをレースで身に着けていないことを考えると、走る上での根本的な効果についてはわからないというのが正直な感想である。特に上半身の締めつけは、呼吸機能に少なからず影響を及ぼすので注意したいが、それでもゆっくり走るランナーにとっては、姿勢矯正によって、スタミナのロスを減らすという効果が期待できるかもしれない。

いずれにしても、初心者ほどギアの有効性に頼りたくなるようだが、あくまでギアは補助的なもので、本質的には自身のトレーニングが重要だということを忘れないでほしい。

ランナーを支えるもうひとつの重要アイテムはシューズである。

レースのために新しいシューズを購入して履きたいというランナーもいるだろう。しかし、ウエアと違って、シューズに関しては特に、この試みは危険である。

購入したてのシューズは、どうしても新品独特の硬さがあり、ランナーの足にしっくりとなじまない。また、履いているシューズの特性に合わせて脚の筋肉が鍛えられるため、トレーニングの期間を考えると、レースの3カ月前には本番で履くシューズを手に入れ、履きならしてもらいたい。

より慎重を期すのであれば、同じシューズを2足購入し、交互に使ってみるのもいいだろう。交互に履くことで、シューズ自体の傷《いた》みも減る。ジョグ用とスピード用に分けて練習し、ジョグ用に履いてきた傷みの少ないシューズをレース本番で履けば、不安も少ない上、シューズも比較的フレッシュな状態でレースを迎えることができる。

シューズに関する感覚は、トップアスリートでもさまざまだ。スポンジが多く、クッションが効いているシューズを好むランナーもいれば、とにかく軽く、裸足で走っているような感覚を好むランナーもいる。そこに共通の正解はない。彼らは、メーカーから30足ほどのシューズを提供され、それぞれ10回ほど履き試し、リクエストしながら、自分に合うシューズを選び、最終的にレース本番で履くシューズを決めていく。

トップランナー以上に長時間走らなくてはならない市民ランナーにとって、シューズはもっとも頼りになる相棒のはず。かかとのフィット感や指先の当たり具合、外反母趾《がいはんぼし》が気にならないかなど考慮しながら、1足だけを「これでもか!」と履き続けるのではなく、いろいろなシューズの履き心地や走り心地を試し、研究してほしい。

また、いわゆるアウトソール（靴底）の減りばかり気にするランナーが多いが、意外と気をつけたいのが、インソールのすり減りだ。かかとや拇《ぼ》指《し》球《きゅう》周りのインソールは着地と蹴りによって、すり減っていくのが早い。こまめにチェックしながら、インソールを変えるか、シューズの買い替えを検討したほうがいいだろう。

また、ヒモの結び方にも気を配ろう。結んだヒモのチョウチョの部分をもう一度二重に結べば、まずほどける心配はないはずだ。ヒモの種類に関しても、丸ヒモよりも平ヒモのほうが結びやすいし、ヒモの長さも適度にしたい。シューズに付属しているものを使わなくても、いろいろな長さのいろいろな種類のヒモが売っているのでチェックしたい。

レースで走る際は特にリズムが大切。ヒモがほどけて立ち止まり、結び直しているランナーをよく見かけるが、せっかくのリズムを崩してしまうので、ほどけないように注意しよう。

マラソンレース必勝法
08

レース前日②

初心者
中級者
上級者

カーボローディングを侮るな

マラソンランナーのための究極の食事法

フルマラソンでは、想像を絶するエネルギーが消費されることはいうまでもない。その際に使われるのは「糖質」と「脂質」である。なかでも、ランナーがレース前に摂取《せっしゅ》する栄養素で重要なカギを握るのが糖質、すなわち炭水化物ということになる。

フルマラソンを走るランナーにとって、究極の食事方法を「カーボローディング」という。炭水化物中心の食事で、運動する際のエネルギーとなるグリコーゲンを身体に蓄積しようというのがその狙いである。これまでせっかく練習してきた成果を発揮するためにも、エネルギー不足で失敗しないよう食事には十分気をつけよう。

どのタイミングで摂取した炭水化物がレースで使われるかといえば、レース前夜の食事でとったものである。当日の朝、炭水化物を多く食べても手遅れといわざるを得ない。実際にはレース数日前から、炭水化物を意識的に多めにとるように心がけたほうがいいのだが、少なくともレース前夜には、しっかり炭水化物を補給することが大切だ。

とはいえ、食べる量を一気に増やすことはできない。必然的に、摂取バランスを調整することが重要で、他の食べものを犠牲にすることになる。たまに、カーボローディングをただの大食いと勘違いして、炭水化物を増やすだけではなく、食事全体の量を増やしてしまう人がいるが、これは間違い。食事のなかの、栄養摂取バランスを変え、炭水化物の割合を多くするのが正しいカーボローディング。普段はバランスよく食べることを意識するが、あえて炭水化物を多めにとるのがポイントだ。

カーボローディングの際には、ごはんやパスタが食事の中心となり、肉や魚などのタンパク質は通常より少なめにする。炭水化物は消化がいいので、さほどお腹に残らないが、タンパク質は消化に時間がかかる。翌日走ることを考えて、前日の食事としてタンパク質は減らしたほうが効果的だ。また、炭水化物といっても、イモ類はお腹にガスが溜まりやすく、腹痛の原因にもなりかねないので避けるようにしよう。ちなみに、レース後は、破壊された筋肉の回復のためにも、タンパク質を中心にした食事をとったほうがいい。

海外のレースの場合はまた別だが、私がレース前夜に食べるメニューは、焼き魚と玉子焼き、漬けものなどをおかずに、ごはんをお茶碗で3、4杯食べるといった具合だ。

本来は、レース数日前から食事に気を遣うのがより正しいカーボローディング。日曜日がレースだとすると、週の前半、水曜日くらいまでは炭水化物を抜き、甘いものも控え、糖質が枯渇した状態をつくる。身体がエネルギーを溜めこもうとする状態をつくるのだ。

その後、木曜日からは、3食とも炭水化物中心の食事に切り替える。こうすることで、一気に身体のなかにグリコーゲンが蓄積される。米、餅、パスタ、パンなどが、カーボローディングの主役である。

週前半に炭水化物抜きの食事をしている間は体重が減り、木曜日から一気に炭水化物を食べるようになると、今度は体重が増える。炭水化物中心のカーボローディングは、体重が増えやすいこともあらかじめ念頭に入れておこう。

多少身体が重くても、レース後半にさしかかるころにはエネルギーも消費され、身体が軽くなり始める。終盤でも身体のなかにエネルギーが確保された状態を感じることができれば、レースの成功が近づいていることは間違いない。

☑ カーボローディングメニュー

日程	朝	昼	晩
6日前	ごはん（ふだんより少なめ）	フライドチキン	パン（極力少なめ）
	味噌汁	コールスロー	ステーキ
	ハムエッグ、サラダ		スープ、サラダ
5日前	パン1切れ	焼き魚定食	ごはん（極力少なめ）
	ベーコン	※ごはんは少なめに	ビーフシチュー
	スクランブルエッグ		豆の煮物
	ヨーグルト		
4日前	ごはん（ふだんより少なめ）	ハンバーグ	ごはん（極力少なめ）
	焼き魚	サラダ	海老フライ
	納豆、ひじきの煮物	※ライス・パンは少なめに	味噌汁、サラダ
3日前	おにぎり	力うどん	スパゲティ
	味噌汁	いなりずし	スープ、サラダ
2日前	サンドイッチ	うどん	ごはん（多めに）
	サラダ、フルーツ	ごはん	スペイン風オムレツ
			パスタサラダ
1日前	磯辺焼き	スパゲティ	ごはん（多めに）
	味噌汁	サラダ	焼き魚
			玉子焼き　味噌汁

【6日前～4日前】
炭水化物を極力減らし、身体から糖質が枯渇した状態をつくる

【3日前～1日前】
炭水化物の量を増やし、身体にグリコーゲンを溜めこむのがポイント

マラソンレース必勝法 09

レース前日③

初心者 中級者 上級者

「ちょっと重く感じる」くらいが絶好調の証

体幹エクササイズのススメ

マラソン前日。ここまで、トレーニング計画や体調管理に万全を期してきたはずでも、直前になると敏感になり不安もつきまとう。ましてや、ダルさを感じていたりすると、「ベストの走りが可能なのか」「完走できるのか」と心配になりがちだ。

フルマラソンのレース直前の感覚として、最高の状態に仕上がっているのは、少しだけ脚に重さを感じる状態だ。軽い疲労感や脚の筋肉表面のわずかなハリなど、重さを感じるくらいがちょうどいい。

逆に、スタート直後からビュンビュン走れそうなほど脚が軽く感じるのは危険な兆候だ。

一見調子がよさそうに思えるが、自制してペースを守ることができず、無駄な動きも増え、レース前半から我慢できずにオーバーペースになる危険性がある。それまで、どんなにいいトレーニングができていたとしても、オーバーペースでの失敗は実《じつ》にもったいない。

注意してほしいのは、決して、身体全体がダルい内臓疲労がある状態ではないということだ。筋肉の反応が少しだけ悪く、「なんとなく脚が重い」と感じる状態にするのが仕上げの鉄則。これが、マラソンでベストパフォーマンスを発揮できる状態だということを知っておこう。

トップアスリートやエリートランナーが、「最初から最後までまったく重さを感じずにレースができた」とコメントすることがある。それは、彼らのトレーニングが特殊だからだ。高地トレーニングなどによって心肺機能が極限まで高まっていて、血液中のヘモグロビンの数値も高くなっているような、別の意味で「特別な状態」なのだ。彼らほどのレベルまで達すると、確かにスタート前に身体の重さを感じたりすることはなかったりもするが、逆にいえば、それはこうしたエリートランナーのこと。

市民ランナーであれば、必ず少しだけ筋肉や身体の動きに重さを感じる状態が、ベストだといえる。

大会直前で、もうひとつ注意すべきことがある。それは、いろいろな人がさまざまなアドバイスをしてくれるが、あまり気にせず、惑わされないことだ。

こうしたアドバイスをするランナーたちに、決して悪気があるわけではない。これからフルマラソンを走るランナーのためを考えた、自分の経験による善意からの言葉なのだが、このアドバイスがまた十人十色であるため、アドバイスを受けた側はなにを信じていいのかわからなくなりがちだ。

結局のところ、自分の身体感覚は自分でしか把握できない。なによりも、自分の感覚を信じることがもっとも重要である。

ところで、レース前日を迎えても、ランニングスキルを、最後の最後まで高めることは可能だ。とはいえもちろん、このタイミングになってがむしゃらに走ることではない。

スタートしてしまってからではもはやなにもできることはないが、ランニングフォームや体幹の使い方など、レースを走る上で必要な技術や筋肉の動きについては、レース前日でもできる。したがって、まだ間に合う内に最終確認をしておきたい。

オススメは、私の著書『「体幹」ランニング』(講談社)でも紹介されている「体幹エクササイズ」だ。

☑ 体幹エクササイズ

基本のポーズ

20回×1〜3セット

POINT
肩甲骨を寄せる

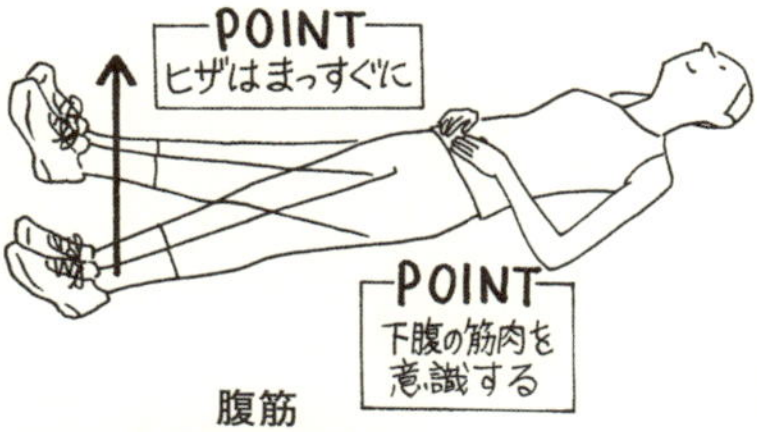
POINT
ヒザはまっすぐに
POINT
下腹の筋肉を意識する

腹筋

10回×1〜3セット

前ももスクワット

20回×1〜3セット

POINT
太ももの前の筋肉を意識する
POINT
ヒザを曲げた時手が挟まれる感覚で
90°
POINT
足は肩幅に開きつま先は正面へ

体幹を使った走り方をもう一度おさらいしながら、筋肉に刺激を入れよう。体幹の筋力トレーニングからくる多少の疲労感はあってもまったく問題ない。むしろ、多少疲労感があったほうがいいというのは、前項でも述べたとおりである。

がむしゃらに走って筋肉疲労を残すのではなく、ランニングスキルすなわち身体の使い方やランニングフォームの最終チェックにあてながら、使うべき筋肉に、全身万遍《まんべん》なく刺激を与えよう。

こうして、身体に適度に重い感覚が残るように調整できればベストだ。

レース直前、絶好調と言える状態はどんな状態か、もう一度おさらいしておこう。

・内臓疲労が抜けストレスがなく、肌の色つやがいい。
・エネルギーが身体全体に溜まり、力がみなぎっている。
・脚の筋肉にはやや重い感覚が残るが、脚の筋力は十分に発揮できるハリがある。
・背中や腰に疲労感がない。

こうした状態に仕上がれば、レースに向けたトレーニングは万全だったといっていい。身体は順調に仕上がっている。自信をもってレースに挑みたい。

マラソンレース必勝法
10

レース当日朝①

初心者 中級者 上級者

「腹八分」を意識して消化のいいものを

レース当日の朝ゴハン計画

前日までのカーボローディングに加えて、当日の朝食も気を遣うポイントである。注意すべきは、消化のいいものを食べること。食べものを消化する時、身体の血液が胃に集中する。マラソンを走っている間は、筋肉にしっかりと血液が行き届くようにしたいので、消化する時間はできる限り短時間に、胃に集中する血液量は最小限にとどめたい。

私の場合、スタートから逆算して4時間前くらいのタイミングをめどに、おかずを少なめにして1杯半から2杯のごはんやお餅を食べる。消化がいい王道の食事は、やはり〝米〟だ。加えて、レース1時間くらい前にカリウムを豊富に含むバナナを食べる。これらをじっくりと時間をかけて、よく噛んで食べるのが、消化をよくするコツでもある。肉やイモ類、リンゴなど、ガスが発生しやすい食べものは、腸への負担を大きくするため、できるだけ避けよう。

野球選手などは、朝にゲンを担いでトンカツなどを食べるという話も聞くが、ランナーに揚げものはオススメしない。特に脂の質によっては、身体に非常に悪く胃腸に負担がかかる。レース当日に限らず、レースが近づいてきたら、脂っこい食べものはなるべく避けるようにしよう。

自宅からレースに行くのではなく、泊まりがけでレースに参加するような場合の朝食には、また別の注意が必要だ。

朝、自分が食べるものをコンビニなどで選んで購入することができるのならまだいいが、ホテルや旅館などで決まった食事をだされる場合などは、特に気をつけたい。ともすると、だされた食事をすべて食べてしまう人も多いと思うが、できるだけ、消化がよさそうなものを選んで食べることが必要だ。

また、冷たいものはお腹を冷やし、胃の機能を低下させるのでよくない。食事前に温かいお茶やスープを飲んでから、食事をとるのも効果的である。

もっとしっかりやりましょう

よくできました

いずれにしても、ガツガツと食べ、満腹で動けなくなるような食べ方はやめよう。朝ごはんの後で、エネルギー系ジェルやサプリメントなどをとるのも有効だ。

また、エネルギー不足と空腹感が別ものであることも念頭に置いておこう。空腹感があるからといって、身体を動かすためのエネルギーが不足しているわけではない。エネルギーは充満しているのに、空腹感が襲ってくることもある。

人によっては空腹感を覚えてしまうと、力が入らないという人もいるだろうが、逆に胃が満たされて満腹感が強すぎる状態では走れない。

こうした空腹感、満腹感などは、人それぞれ個人的な感覚にもよるので難しいが、実際、サブ4以内で走るランナーならカーボローディングがうまく成功すれば、レース中は給水等で胃を満たしていれば十分だと思う。ハンガーノック（エネルギーが枯渇して身体に力が入らなくなる状態）になることもないはずだ。空腹を感じるのは消化がいいことの証明でもある。

レース数日前からカーボローディングをして、レース当日の朝食をしっかりと食べていれば、エネルギー不足の心配は無用だ。

マラソンレース必勝法 11

トイレタイムをきちんと確保

レース当日朝②

初心者 中級者 上級者

集中できる環境でゆっくりと

レース前日までのカーボローディングが成功し、食事も終え、後はいよいよ走るのみ。ここまできても、身体に関して、まだ完全な準備が完了したとは言えない。食べた後の排泄《はいせつ》も、マラソンランナーには避けては通れない大切なポイントだ。その点でも、朝のトイレは重要なカギを握っている。

排泄は動物の生命維持には欠かせない機能であると同時に、循環器系機能を高める効果もある。本来は、朝ごはんを食べる前に、まずトイレに行って便を排泄できると循環機能がよくなりさらに効果的なのだが、もちろん食べてからでも構わない。食事の後に、ゆっくりと温かいコーヒーを飲んで利尿&利便作用を促すのもいいだろう。

朝起きて、まず顔を洗う人もいれば、歯を磨く人もいるだろう。あるいは、シャワーを浴びる人もいるかもしれない。そんな風に、朝でかける準備のなかに、きちんとトイレに行く時間を意識的に確保しておいてほしい。

最悪なのは便秘状態で走ることだ。便秘は女性に多い症状だが、これだけはなんとしても避けたい。

レースに参加するランナーが多ければ多いほど、当日の会場のトイレは大混雑でごった返している。特に女子トイレの並び具合は半端ではない。また、レースによっては仮設トイレしかない場合も多く、個室トイレに関しては、男女の区別なく並ばないといけないケースもある。落ち着いてトイレに集中できる環境とは言い難いのが現実だ。会場のトイレ待ちの列に並んで最終的にきちんと排泄できるなら問題ないが、列に並ぶのもストレスになるし、レースが近づいてくると緊張で身体全体が硬くなり、循環器系の働きはより悪くなりがちだ。でるものもでなくなることが多くなるのだ。それでももちろん、我慢は禁物だ。会場についてしまって便意を催したら、多少並ぶのは覚悟の上で、しっかりだすべきものはだしておこう。

とはいえ、できれば、家やホテルなど、ゆっくり集中できる環境でトイレは済ませておきたい。また、洗浄器付きトイレが多くの家庭やホテルなどに普及し、これがないとなかなか便意を催さないという〝ウォシュレット派〟もなかにはいるはずだ。それであればなおさら、会場到着前に、落ち着いた状態でトイレに行っておきたい。

困るのは、海外レースだ。昨今はホノルルマラソンをはじめとする、海外レースのツアーが数多く組まれ、参加者も年々増加している。国外のレースになると、通常の国内レースにおける食事やトイレなどの環境と異なるので、特に注意が必要だ。排便のためにウォシュレットが必要だとしても、海外ではその環境や設備が整っていないところがほとんど。

レースが開催される国へ到着した後の食事も、通常日本で食べているものとは勝手が違うし、トイレ事情が異なることもあり、便秘になりやすい。朝目覚めてからの行動には、いつも以上に時間に余裕をもった計画を心がけ、できる限りベストの体調で走ることができるように工夫をすることが必要だ。

レース中のトイレ対策については後述するが、走りのリズムにも大きく影響するため、できるだけ避けたい。レース前のトイレタイムを侮ることなく、慎重かつしっかりとこなしたいものである。

マラソンレース必勝法 12

レース当日朝③

初心者 中級者 上級者

大切な朝の行動計画

あらかじめ行動表を準備しておさらいしよう

レース当日は、意外とあわただしい。行き当たりばったりでは困ってしまう。そうならないためにも、スタート時間から逆算してあらかじめ行動を計画しておこう。

ナンバーカードの引き換え、着替えなどの準備や、最後のトイレなども考慮すると、遅くともスタート時刻の1時間半前には会場に着いているようにしたい。

マラソンはレースのスタート時間が分単位で決まっている。最近では携帯電話の普及により、約束の時間を、電話やメールでずらしてもらえばいいということも増えているが、マラソンの場合、「すみません、10分ほど、スタートに遅れます」と連絡して待ってもらうというわけにはいかない。

雨や風などの天候による交通事情で、経路の変更を余儀なくされる場合もあるだろうし、最寄駅からレース会場までの道のりも、普段と違って混雑するため、想像以上に時間がかかってしまう場合も多い。結果的に、会場到着が遅れてしまったために、スタートに間に合わなかったり、ストレッチやウォーミングアップなどが思うようにできず、いい状態で走れなかったりすることもありうるだろう。

何時何分にどこへ行き、なにをするのかあらかじめシミュレーションして、当日の行動の段取りを書きだしておくといい。そのうえで、当日はその行動表にそって動いていけば、トラブルに巻き込まれることも少なくなるはずだ。

また気をつけなければいけないのが、大勢のランナー仲間とともに大会に出場する場合である。複数で連れ立っていく場合、メンバーのなかの誰かひとりが遅刻してしまうことで、全員が振り回されるケースをよく見受けられる。

マラソンが個人スポーツである以上、いくら親しい仲間とはいえ、運命共同体のように一緒に行動することはオススメしない。ウォーミングアップも、スタート地点に並ぶ位置も、走りだしてレースの流れに乗っていく過程も、すべてが自分にはね返ってくる。自己

☑ 行動は計画的に

スタートまで	時刻	すること
4時間前	5:00	起床／トイレ
	5:20	シャワー
3時間半前	5:30	朝食
	5:45	トイレ
3時間前	6:00	自宅出発
1時間半前	7:30	スタート地点最寄駅着
1時間前	8:00	会場受付
	8:20	着替え終了／準備体操開始
	8:35	ウォーミングアップ
	8:50	スタート整列
0時間前	9:00	スタート

責任の下、できるだけマイペースを守って行動した方がいい。

仲間で集まるにしても、現地で一度集合できるタイミングと場所を確保しておけばいいし、レース終了後の慰労会の場所を設定しているだけでも十分かもしれない。

旅行会社が主催するホノルルマラソンのツアーに毎年ゲスト参加しているが、大抵の場合、朝は、スタート時間の2時間前ほどにホテルのロビーに集合し、みなさんに声かけをした後は全員がフリー行動となる。

「フィニッシュ後にまた会いましょう！」

と健闘を誓い合い、その場で別れるようにしている。たまたま同じペースで走る人もいるかもしれないし、レースの途中で出会って、そこから励まし合いながら同時にゴールすることもよくあるが、最初から最後まで一緒に行動しようというのは、マラソンというスポーツにとっては難しいことだ。

自分なりのペースで楽しむのがマラソンレースのコツであり、魅力でもある。

自分独自の行動計画を準備し、余裕をもってレースのスタートを迎えられるように心がけよう。

マラソンレース必勝法

13

レース直前①

初心者
中級者
上級者

走りすぎたるは及ばざるがごとし

ウォーミングアップで走りすぎないように注意する

レース本番のスタートライン近辺では、多くのランナーがウォーミングアップをしている。レースウエアに身を包み、ウィンドスプリントをしてみたり、なかにはダッシュを繰り返したり。意気揚々と道路を行ったり来たりする多くのランナーを目にすると、「いよいよレースだ」という高揚感とともに、「自分もしっかりウォーミングアップをしなくては」という焦りにも似た気持ちが芽生えるから不思議だ。

あなたがサブ3を目指すのであれば、ゴールまでずっと1㎞4分15秒を切るペースで走らなくてはならない。その場合、スタート直後からこのスピードで走るために、ストレッチやジョギング。また、軽くウィンドスプリントを入れるなど念入りにウォーミングアップをして、スタート前にサブ3のペースに慣れておくことが重要だ。

しかし、サブ4程度を目指すランナーであれば、ペースは5分40秒をきればいい。サブ4よりも遅いタイムを目指すのであれば、いつものジョグを42km我慢し通すような感覚でレースに臨むことになる。そのくらいのペースで走るのであれば、ウォーミングアップでレースペース以上のスピードで走る必要もなければ、汗をかくほど走る必要もない。

せっかくカーボローディングをして、朝食に気を遣い、エネルギーを満タンにした状態でレース会場に到着したのに、スタート前に無駄なエネルギーを使って、最後にガス欠になってしまっては元も子もない。

スタートから最初の5kmをウォーミングアップにあてる気持ちで、身体を温めるくらいの感覚でちょうどいい。それでもまだ、そのペースで37km以上走らなくてはならない。

周りにつられることなく、自分のペースでレースのスタートを迎えるべきなのに、無計画でレースに出場しているランナーの場合、周りのランナーにつられて同じようにウォーミングアップで走ってしまう。レース前に走るべきランナーは、それなりに速いランナーなので、一緒になってウォーミングアップすると、とんでもないペースになってしまうこ

☑ レース直前、「走る」ウォーミングアップはもういらない!?

サブ3を目指すランナー ▶▶▶ 目標とするレースペース ＝ **4分15秒**

★軽いジョギング
★4㎞ 4分15秒と同様のスピード(100mを25～26秒相当)でWS(ウインドスプリント)を5～10本

サブ4を目指すランナー ▶▶▶ 目標とするレースペース ＝ **5分40秒**

★軽いジョギング
★ストレッチなど

サブ5、サブ6を目指すランナー ▶

★ストレッチのみ(ムダな体力を消耗しないように心がけよう)

↓

レース序盤が走りのウォーミングアップ。レース前に走りすぎないことが重要!

とが多いのだ。結果的に、スタート直後のオーバーペースに巻き込まれてしまうことも多い。まさに「及ばざるがごとし」なのである。

東京マラソンのように、号砲30分前には、自分がスタートするポジションにいなくてはならないという特殊なレースの場合は別として、あまり早い段階から身体を動かし始めてウォーミングアップするのはよくない。とにかく、先は長いのだ。

初心者であれば、ウォーミングアップは最寄り駅から会場までのウォーキングで十分。レース前に行うのは、関節を回すなど、ストレッチや簡単な体操だけでもいいだろう。もう少し速いペースで走るランナーであっても、走行中に心拍数が上がるので、その部分をならす意味で、1~2km程度ジョギングするくらいでいいと思う。

エリートでも、マラソンの選手であれば、それほど入念なウォーミングアップは行わない。長距離選手でも、トラック競技に比べればマラソンの方が圧倒的にウォーミングアップの時間は短い。100m走の短距離走者が1時間くらいかけてウォーミングアップを行うように、短い距離になればなるほど、ウォーミングアップは長くなるものなのだ。

マラソンはとにかく距離が長い。やりすぎることで、オーバーペースになる危険が増し、自分で自分の首を絞めることになる。

マラソンレース必勝法
14

レース直前②

初心者
中級者
上級者

3種のウォーミングアップ

体幹エクササイズ&関節体操&ストレッチ

ウォーミングアップの際にもオススメしたいのが、「体幹エクササイズ」である。

体幹エクササイズを行うといいフォームを維持して走れるので、後半もペースを崩さずに走れる。特に、腹筋周り、お尻や腰周りの筋肉に刺激を入れて、体幹スイッチをオンにしておくと、脚力だけに頼って走るのではなく、体幹を使って走るフォームを思いだすことができるので、レース当日もぜひ活用してほしい。

スタートして5㎞くらいで、脚力だけに頼るフォームになってしまっていると、ここからまた体幹を使ったフォームにきり替えることはとても難しい。レース序盤は特にフォームを意識しながら走るべきだが、スタート前に、体幹スイッチをしっかり入れておくと、レース序盤から最後までいいフォームを維持できるのだ。

「関節の体操」も欠かせないウォーミングアップのひとつだ。

ヒザ、足首、股関節、肩周り、骨盤と背骨周りなどの各関節は、使っていない状態だと非常に硬く、動きがぎこちなくなりやすい。また、関節の可動域も狭いままだと、小さな走りになってしまう。

関節を回し、動かすことによって、関節に潤滑油を送り込むことができる。走りだすと、長時間にわたり一定方向に関節を動かし続けることになるので、関節が自由に動くよう、緩めておくのがポイントだ。

そして忘れてはならないのが「ストレッチ」。

これは、筋肉がグニャグニャになるまで、ただ伸ばせばいいのではなく、レース前に筋肉を温めるのが主な目的だ。筋肉は伸ばすことによって、一時的に血液循環がよくなる。血液循環がよくなるから、筋肉が温まるわけだ。

☑ **3種のウォーミングアップ**

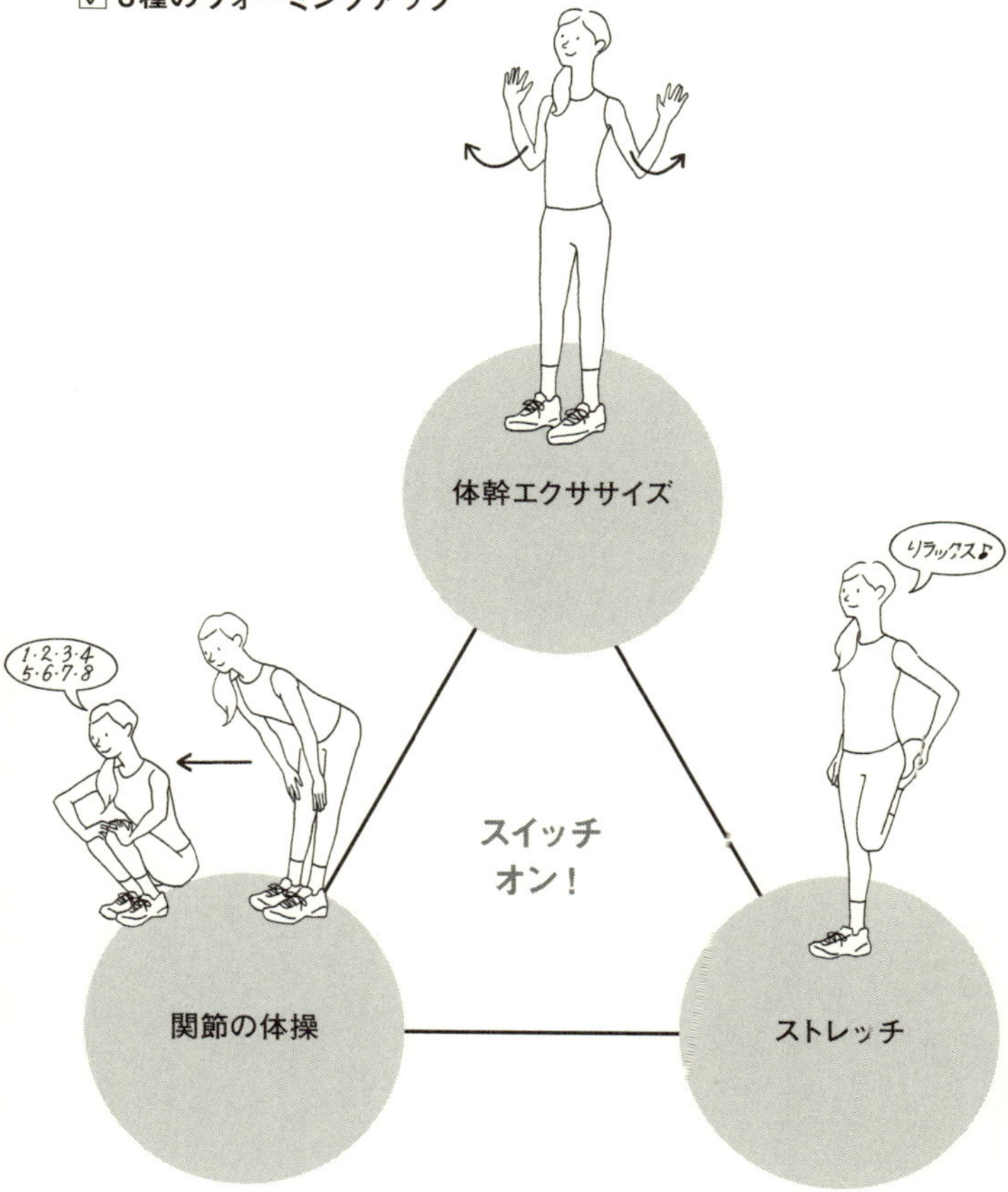

ランニングは全身運動である。全身の細かな筋肉を使いながら走ることになる。太ももやふくらはぎなど、脚の大きな筋肉を、まんべんなく伸ばすだけではなく、全身のさまざまな細かい筋肉を伸ばすことによって温めておくのがいい。

疲労回復のストレッチは、部位によって疲労の度合いが違うため、ストレッチする時間も変わってくる。しかし、レース前のストレッチは、筋肉を伸ばして、血液循環を良くするのが目的だから、時間はそれぞれ短くてもいい。短時間でも、いろいろな部位を伸ばしておこう。

こうして筋肉が温まった状態で走り出せば、42・195kmを通して疲労や無駄の少ない走りができるようになる。

このように、3種類の目的別ウォーミングアップを行うことで、全身のスイッチがオンになる。レース中のパフォーマンスはもちろん、レース後のダメージにも大きな影響を及ぼすことを考えると、レース前の「走る」ウォーミングアップより、ちょっとしたエクササイズやストレッチを怠らないようにしたい。

マラソンレース必勝法 15

レース直前③

初心者 中級者 上級者

コースを知ることでレースが見えてくる

レースシミュレーションの重要性

当然のことながら、レース前にコースのことはしっかり下調べしておこう。あらかじめ、コースの一部でいいので走っておくとベストである。

トップアスリートともなると、あらかじめ試走を繰り返してからレースに臨むものだ。1996年のアトランタオリンピックで銅メダルを獲得した有森裕子選手は、レース前に7回もコースの試走を繰り返していた。毎回42kmを試走するわけではないが、レースのポイントからポイントまで、細ぎれにコースを試走する。そうすることで、そのコースでの自分の走り方から得意な場所や苦手な地形を知るとともに、レースの展開や仕掛けのタイミングなど、さまざまなシミュレーションを行うことができる。コースを下調べして知り尽くすことで、「目をつぶってでも走ることができる」と本人は思っていたようだが、このようにして、コースへの苦手意識を減らし、熟知しているという事実で安心を得ることで、レースに対する大きな不安のひとつが消えるわけである。

市民ランナーにとっては、コースを試走する時間をとることは難しい。ただし、もし一日早く会場に到着できるなら、自家用車かレンタカーで前もってコースをドライブしてみるといい。流れる風景や、距離ごとのランドマークの位置関係を知っておくだけでも、距離感をリアルにつかむことができるはずだ。

折り返して往復するコースの場合、行きは長く感じたが、帰りは短く感じたという経験はないだろうか。これは、道がわからないコースは長く遠く感じるが、帰りのコースの場合は、行きに見ているため短く感じるのだ。子どものころは毎日が長く、1年が非常に長く感じたのに対し、歳を重ねると日々があっという間に過ぎ、年月の経つのを早く感じる感覚とも少し似ている。

そういうわけで、あらかじめコースを視察して、ランドマークとなる建物などを覚えておくだけでも、「あ、この交差点を過ぎたならもうすぐ30㎞だ」などと、自分で自分を励

東京マラソン コース図
Tokyo Marathon course map
スタート!! ゆったり入ね
下り坂 スピードアップ×
10km リズムをつくる
少しずつ ペースアップ!
風向き 追い風注意
35km ふんばりどころ!! ファイト!!
40km フィニッシュをイメージ
20km 気分はハーフ! マイペースに

©東京マラソン財団

ますことができる。東京マラソンが走りやすいのも、東京タワーや、銀座四丁目・三越、浅草・雷門、東京ビッグサイトなど、誰もが知っているランドマークを通るコースだという要素が大きく影響していると思う。

レンタカーを借りてまで下見ができない場合はどうすればいいか？

ほとんどのレースでは、参加者向けの案内状のなかにコース図やアップダウンを示した高低差表が入っているはずだ。コース図をよく見て、レースのペースやラップをイメージしながら、目印となるランドマークを記憶するだけでも効果的だ。

また、コースのアップダウンが、どの辺にあって、何km地点がつらそうなポイントかなど、地図を見ながらイメージをつくっておくことで、レースの際のペース配分もイメージできるはずだ。

「25km地点に、急な登り坂がある」

とコース図を見て知っていれば、どんなに前半で調子よく感じていたとしても、ただ漠然と走らずに、その坂を通りすぎるまではより〝慎重に走る〟という配慮もできるだろう。

レースコースを予習しておくだけで、自分の走りのリスクを減らすことができるのだ。

こうした「頭のウォーミングアップ」もレース前に欠かせない要素である。

マラソンレース必勝法
16

レース5㎞①

初心者 中級者 上級者

タイムの貯金はカラダの借金

オーバーペースがレース終盤の苦しみを招く

レースでは、最初の5㎞の入り方が、マラソンをトータルで考える上で非常に重要なポイントだ。ここで、オーバーペースにならないよう細心の注意を払いたい。

長距離のレースを成功に導くためには、総距離の約1割の地点までの走りがカギとなる。つまり、10㎞のレースであれば1㎞地点、ハーフマラソンであれば2㎞地点に該当する。42㎞を走破するフルマラソンの1割はおよそ4・2㎞。すなわち、5㎞地点がひとつのターニングポイントになるわけだ。ここで一度、オーバーペースになっていないかを冷静に確認する必要がある。

このあたりは、ちょうど身体も温まってきたころで、同時にもっとも余裕のある時期でもある。しかし、身体が元気な時だからこそ、油断せずに、先を見据えて、自分の走りをチェックしておきたい。ペースと身体の調子を慎重に判断して、今後のペース配分を今一度見直すべきなのである。

マラソンに参加する多くのランナーは、自分の目標タイムを設定している。そして、その目標を達成するための平均ペースを計算し、そのペースをあらかじめ頭に入れて走っているはずだ。

1㎞あたりのペースは、3時間ぎりを狙うランナーであれば4分15秒だし、4時間で走りたいと考えるランナーであれば5分40秒となる。

まずは、5㎞通過点で、自分のペース設定に対し実際に走っているペースは速いのか遅いのか、ラップタイムを確認しよう。

この時、設定したペースより速いと、心理的にはうれしく感じるものである。

「終盤疲れることは明白だから、元気な今のうちにできるだけ貯金しておきたい」

多くのランナーがついそう考えてしまう。

たしかに、今は快調に走れている。いつも以上に調子もよく感じる。この状態なら、当初の予定より多少ハイペースだとしても、ゴールまで粘りきれそうな気がしてしまう。

しかし、これがまさに〝落とし穴〟なのだ。

予定より速すぎるペース、つまり自分の能力以上のペースで走ると、身体には疲労物質が溜まり、身体にダメージを与える。後半余裕がなくなりつらくなってくると、結果的にフォームも乱れ、走りのバランスが崩れる。

調子がいい時はそうしたことに気づかないまま、見えない疲労が蓄積している。「でだし、ちょっとペースが速かったかもしれない」と気づいた時には、手遅れになっているのだ。

マラソンでは〝タイムの貯金〟という考え方は危険だ。一見貯金と感じるハイペースによるタイムリードは、レース終盤に身体が動かなくなってしまうという悲劇を招く。タイムを貯金しようと思っていたのが、結果的に身体への〝借金〟となり、さらに高い利子まで返済しなければならない。

「練習でもなかなか走れないペースで走れている。今日はなんて快調なんだ！　と思いながら走っていたんです」

失敗ランナーがよく口にするセリフである。

レースに向けてトレーニング計画を立て、食事や健康に気を配り、身体の調子のピークを迎えるべく準備を重ね、万全の状態でスタート地点に立っているのだから、レース当日は、練習以上に身体の調子がいいのは当然だ。

しかし、ほとんどのランナーは、レースペースで42㎞を走り通す練習をしたことがない。それにもかかわらず、本来想定して練習していたペースよりさらに速いペースで、42㎞を走り通せるはずがないのである。

自分のペースを確認し、走りを整える。これが序盤5㎞の課題だ。確認すべきは、目標ペースに対してプラスマイナス1分程度の誤差の範囲で走れているかどうか。

気にするべきはタイムだけではない。最初からゼイゼイと息を荒げてしまうようではダメ。無酸素運動的な走りになってしまっている可能性が高い。特にレース序盤は、話しながら走れるくらいのペースを意識して、リズムを一定に保って走るように心がけよう。

自分の能力と体調、天候などを考慮しながら、想定しているペースとどの程度乖離《かいり》があるのか。オーバーペースならば一度ペースを抑える。目標設定に対して速すぎる時はもちろん、あまりに遅すぎるような場合にも、もう一度ペースを修正しよう。

ペースのズレによる被害が大きくならないうちに、調整することが必要だ。

☑ オーバーペースがレース終盤の苦しみを招く

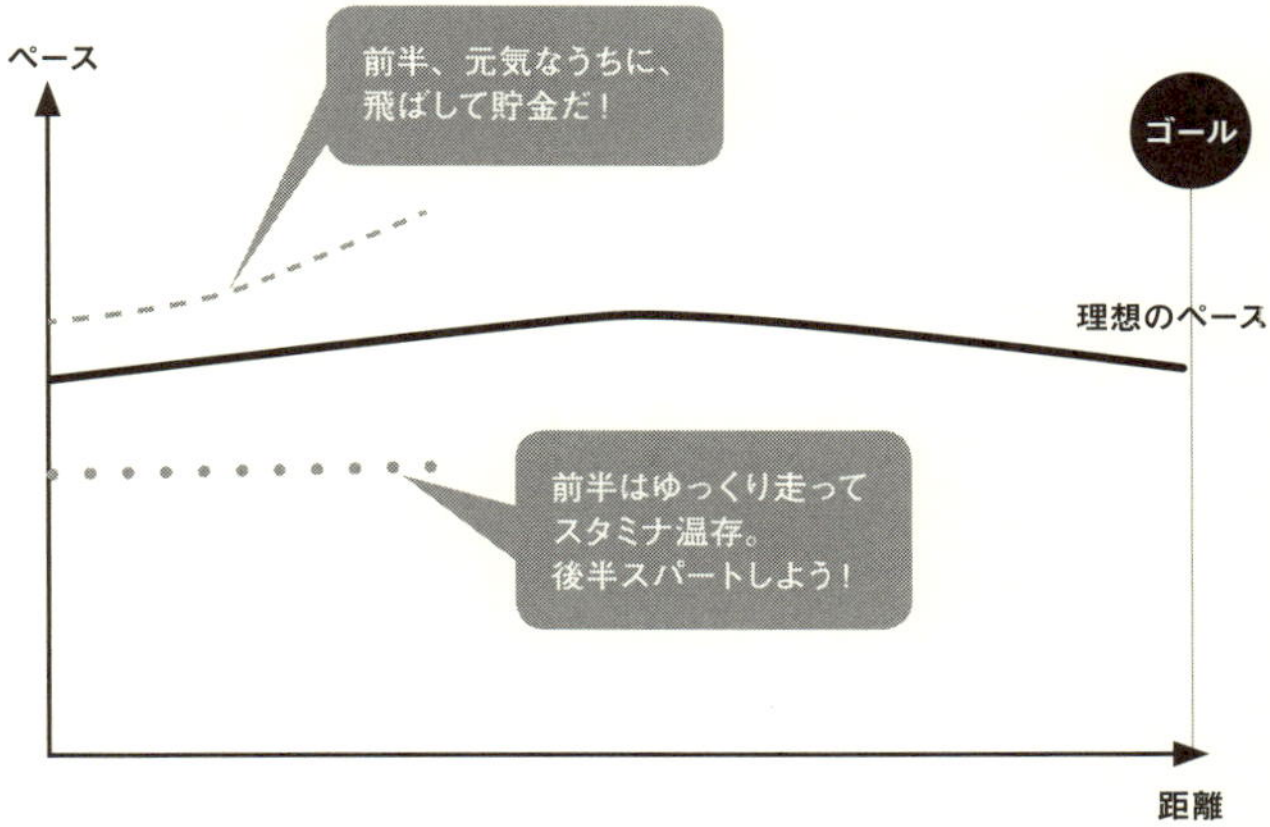
ペース
前半、元気なうちに、
飛ばして貯金だ！
ゴール
理想のペース
前半はゆっくり走って
スタミナ温存。
後半スパートしよう！
距離

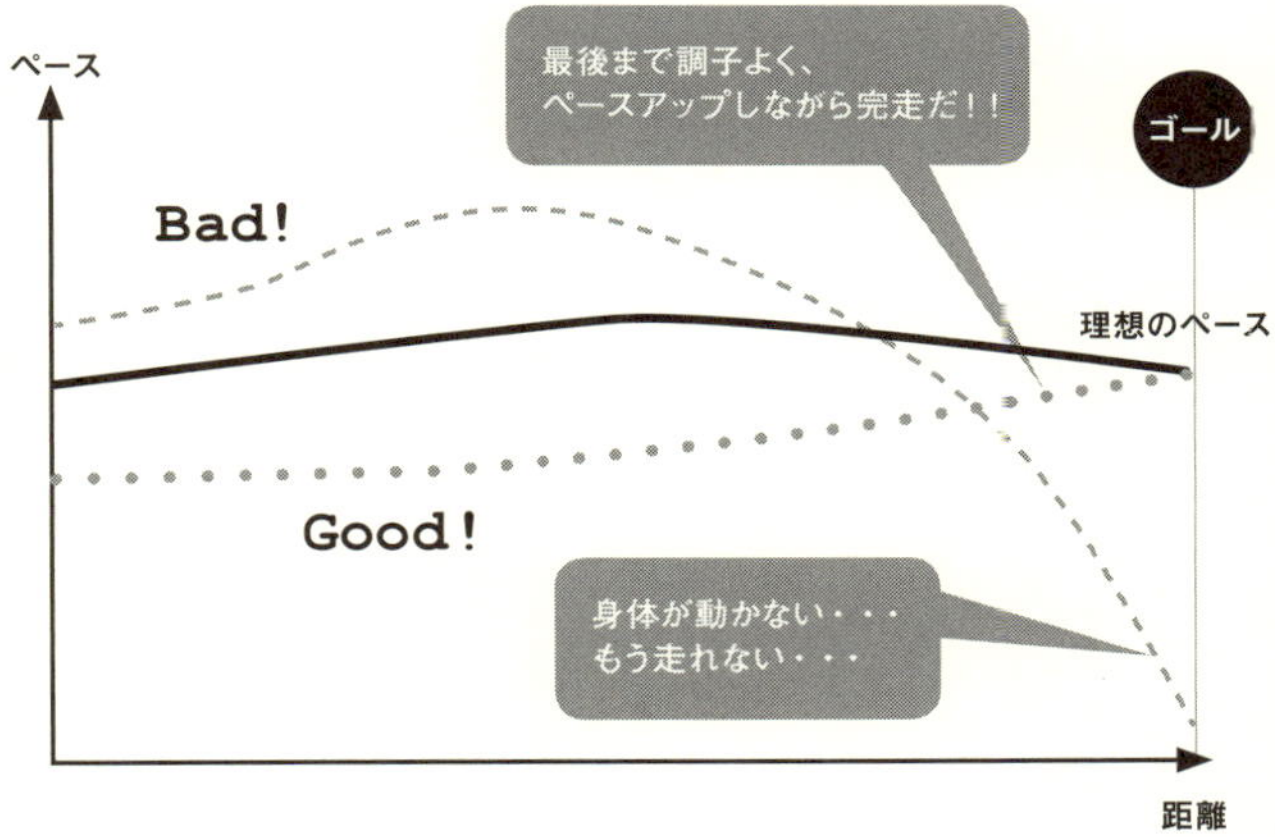
ペース
最後まで調子よく、
ペースアップしながら完走だ！！
ゴール
Bad!
理想のペース
Good!
身体が動かない・・・
もう走れない・・・
距離

マラソンレース必勝法17

レース5㎞②

初心者 中級者 上級者

イーブンペースが理想の走り

細かなペースの上げ下げは苦しみのもと

オーバーペースが危険なことは前項でも述べたとおりである。

ただし、数字的にイーブンペースを保てていたとしても、その内容が重要だ。1㎞ラップごとの細かなペースのアップダウンにも注意しなくてはならない。

時々、ダッシュに近いスピードでダーっと走っては疲れて歩く、そんな走り方をしている人を目にする。これだけペースにムラがあると、否《いや》が応《おう》にも疲労が溜まる。

大切なのは、一定のリズムとペースをキープして走ることで、1㎞ごとにラップタイムの帳尻合わせをしないことだ。

仮に、目標としている1㎞5分のラップが刻めていたとしても、その1㎞の間でスピードの上げ下げが激しいようだと、1㎞5分のイーブンペースで走るよりも、無駄な疲労が蓄積してしまう。

最近では『ガーミン』などのGPSウォッチを身に着けて走るランナーが増えた。通信衛星を利用したGPSシステムが搭載された少々高価なランニングウォッチだが、正確な走行距離とペースを把握することができる。レース主催者側により用意される距離表示の案内板がそれほど細かく設置されていないレースでも安心だ。

GPS時計を使っている多くのランナーたちは、1㎞ごとに自動ラップをとれるように設定している。一緒に走っていると、1㎞ごとに一斉に周りから「ピッ」という電子音が聞こえてくる。その音が聞こえると、ランナーたちは時計を確認し、この1㎞をどんなペースで走れたかチェックするのだ。

ただし、ストップウォッチで確認できるのは、あくまで1㎞ごとのラップタイム。その1㎞を実際にイーブンに近いペースで走れたかまでは把握できない。直前の1㎞とほぼ同じラップだとすれば、一見、イーブンペースで走れているように見えるが、細かなペースのアップダウンがあると、無駄な疲労を蓄積することにもなりかねない。

コースにもアップダウンがある。当然コースが上《のぼ》りにかかれば、必然的にペースは落ちるし、下りであればペースが上がる。アップダウンが目に見えてきつければ、それに気がつくのだが、自覚できないような緩やかな坂の場合には気づかない。緩やかな上り坂にさしかかり、「あ、ペースが落ちてしまった」と思い、あわてて次の1㎞で挽回しようと、無理してペースを上げてしまうこともある。これも、失敗につながるパターンだ。

1㎞ごとにラップをとって、ある程度ペースの確認をすることは重要なことなのだが、特に注意が必要なのは、細かなアップダウンによるペースの自然な上げ下げも考慮すること。そしてなにより、1㎞あたりのラップにあまり一喜一憂しすぎないことである。

レース前半で急なペースアップをしてしまうと、後半の失速につながる可能性は非常に高い。ただし、中間点を過ぎ、30㎞を過ぎてからのペースアップは、まだゴールまでもつ可能性はある。前半の疲労で、ペースアップ自体に限界があるのも、ゴールまで粘れる理由のひとつだ。むしろ、後半バテてペースが落ちてしまうのを防ぐ意味合いもあり、レース終盤にペースアップする意識で走ることは望ましいともいえる。

また、給水やトイレなど、立ち止まってしまう行動も、走りのリズムやペースづくりに影響する。

☑ イーブンペースを理解せよ

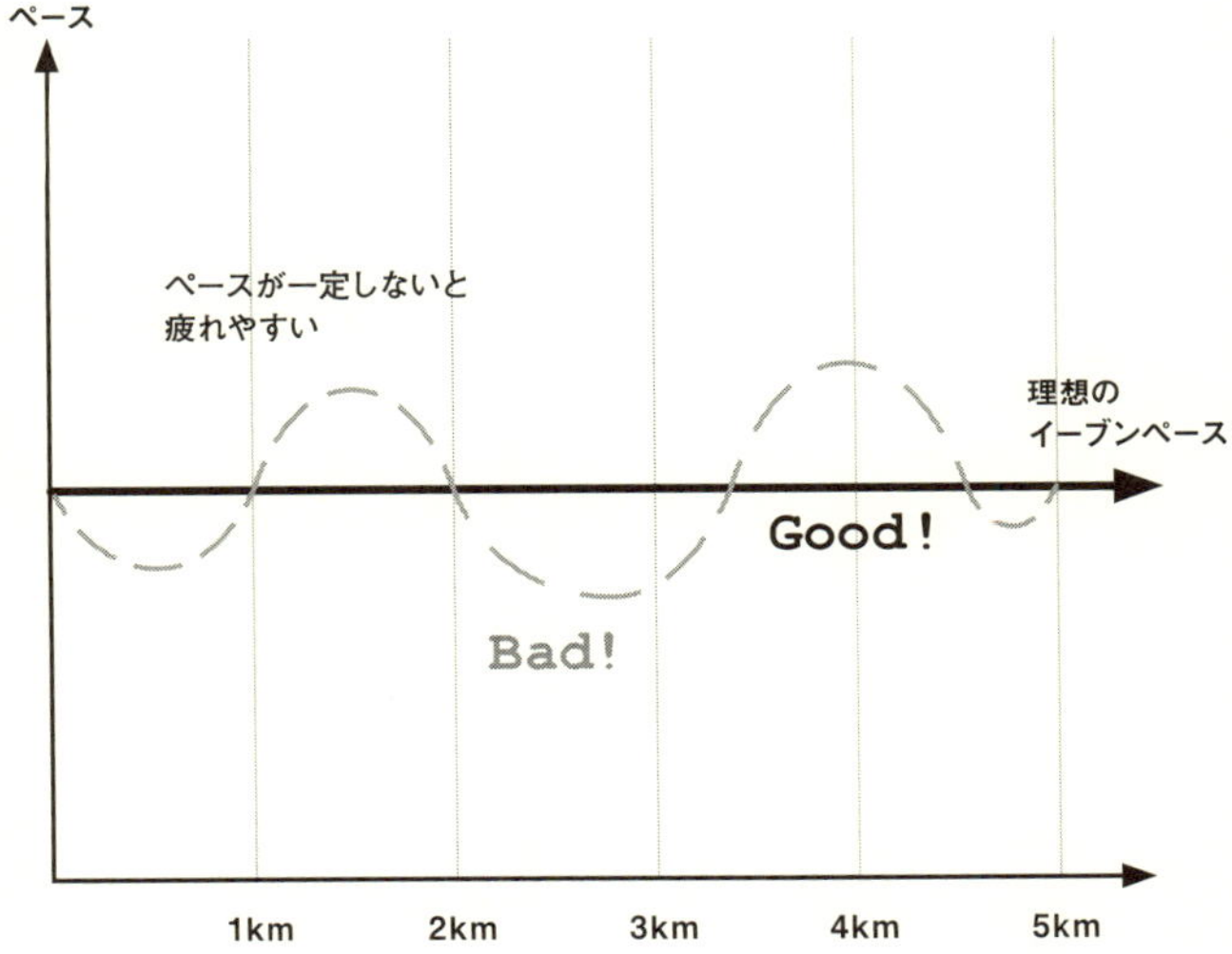

1㎞ごとのラップで見れば、5㎞を理想のペースで行けているように見えるが、細かなペースの上げ下げにより、スタミナをロスしている。目に見えない疲れが、レース後半でランナーを襲う

ほとんどのトップアスリートはレース中にトイレに行かないし、給水などは、走りながらスピードを緩めずにとる。市民ランナーであっても、リズムを崩したくないのは同様。止まらずに給水できるように練習するのもオススメだ。

無理せず止まって給水するにしても、急ブレーキ、急発進は、疲労を蓄積する原因となる。給水ポイントに向けて、徐々にスピードを落としていって、給水をとるようにしよう。そして、給水を終えたら、いきなりレーススピードまで戻すのではなく、少しずつスピードアップしながら、レースペースに戻すようにしよう。

急なスピードの変化は、知らず知らずのうちに、身体にダメージを与える。特に、レース序盤は元気なため、まったく気にならないから余計に怖い。後半になって、そのダメージは一気に噴出するので、くれぐれも注意したい。

元気なうちから、できるだけ燃費のいい効率的な走りを目指すように心がけたいものだ。そしてこれは、レース序盤はもちろんのこと、ゴールまで常に気をつけてほしいポイントでもある。

マラソンレース必勝法

18

レース5㎞③

初心者 中級者 上級者

蛇行ラン百害あって一利なし

レース序盤の順位は気にすることなかれ

参加人数が数万人にもなるマンモスレースでは、ランナーによる〝人の渋滞〟に悩まされることがある。その場合、特にスタートから5㎞くらいまでは、思ったようなレース運びができなくて、つい気持ちが焦ってしまう。

スタートを知らせる号砲は遠くで聞こえた。しかし、実際のスタート地点ははるか前方。いつになったら、スタートラインを越えられるのか。渋滞でなかなか前に進むことができず、時には歩いて進むことすら困難なほどの渋滞に巻き込まれる。これが、好タイムを狙うランナーの焦りといらだちを誘うことになる。しかし、だからといってマイナスになる行動は禁物。ある程度のあきらめや、割り切る勇気が必要だ。

現在では、ほとんどのレースでチップによる計測システムが導入され、各ランナーが、スタート地点を通過してからゴールするまでのいわゆる「ネットタイム」も計測されている。たしかに、ランナーの正式な記録として残るタイムは、号砲からゴールまでの「グロスタイム」なのだが、自分自身のなかでの目標チャレンジはネットタイムで考えればいい。したがって、スタート地点を越えるまで焦る必要はない。弾むようにジョグをしながら進んでいく人もいるが、歩いて進んでも十分に集団の流れにはついていける。スタート地点を越えるまでに無駄な体力を使ってしまうのはもったいないと考えるべきだ。

実際には、スタートラインを越えてからも、思うようには集団がスピードに乗って流れず、序盤から自分のペースをつくるには困難な場合もある。

なかには、少しでも先へ進みたい気持ちから、集団をぬうように走っていくランナーがいる。右に左に蛇行しながら、時には人と激しくぶつかりながら、1秒でも速く、少しでも先に行こうと、人波をかき分けて進んでいく。しかし、渋滞の影響もあって、自分自身のペース自体はものすごく速くなるわけではない。ラップタイムをとってみれば、当初想定したとおりのペースかもしれない。しかし実は、数字以上に余計なエネルギーを使っているということにもなりかねない。

スピードを上げてダッシュしては前が詰まり減速、また加速して……を繰り返すことはランナーことって負担が大きく、いわゆる「燃費の悪い走り」の典型例になってしまう。

前半のちょっとした疲労やエネルギー消費が、後半の失速を招くことに、繰り返し述べてきたが、このように人波をかき分けて走るのも同じこと。そもそうして進んでいっても、1㎞で十数秒程度短縮できるだけのこと。5㎞までたかだか1、2分を稼ぐために、余計なエネルギーを消費したことになる。結局は、終盤にペースダウンし、何倍にもなって自分に返ってくることになる。しかも蛇行して距離も余計に走っていることを考えると、単なるオーバーペース以上のダメージになる。

〝焦る〟気持ちが、蛇行して人にぶつかりながら進んだり、ランナーとランナーとの狭い隙間を追い抜いたりという走行につながるのだが、こうした行為は、周りのランナーにとっても大変危険であり迷惑だ。突然目の前にランナーがでてきて、脚がひっかかり転倒するという事故も起こり得る。

このような走り方はマナー違反でもあり、洗練された大人のランナーとはいえない。東京マラソンに代表されるように、数万人規模のランナーが参加する大会や、スタート直後の道幅が狭く大混雑する大会では、序盤である程度の渋滞に巻き込まれることは覚悟しておき、マイペースで走ること自体をあきらめる心の余裕も必要だ。

ちなみに、こうした大集団の場合、道の中央より両端の方がスムーズに流れやすい。

実際、本当に渋滞しているのは、せいぜい数百メートルから1km程度。2km、3kmと進むうちに、必ず人の流れは緩んできて、5km地点に到達するころにはすでにだいぶ渋滞は緩和されているはずだ。やはり焦りは禁物である。

「人の流れを読む」のも技術のうち。できるだけ道の端に近いところを走り、自分のペースをつくることを考えるのもひとつの作戦。

それでもどうしても集団の前のほうで、マイペースでレースしたいという人には、スタート地点に早くきて、前の方に並ぶ努力をすべきである。

申告タイム順に並ぶレースの場合は、「陸連登録」をオススメする。特に資格が必要なわけではなく、個人単位でも、各都道府県の陸上競技協会に年間数千円を払いさえすれば陸連登録が可能だ。個人記録は公認記録として扱われ、東京マラソンをはじめ多くのレースで、陸連登録者は申告タイムに関係なく、エリートランナーや招待選手の直後の枠からスタートできる。混雑を避けたい人はこんな方法があることも知っておくといい。

マラソンレース必勝法 19

レース10km①

初心者 中級者 上級者

気持ちの〝余裕〟が勝負を決める

序盤の気のもちようでゴールが変わる

スタートから10km。レースの4分の1を迎え、その日の走りのリズムもほぼ決まってくるころである。

この時、「まだ10km」と感じるか、「もう10km」と感じるかで、精神的にも大きな違いが生まれる。気持ちのなかでどの程度余裕をもっているかが、10km通過点でのチェックポイントだ。特に、10km通過に対する〝距離感〟がどうだったかを自問自答しながらチェックしてみよう。

序盤の10kmを、フルマラソンを完走するためのウォーミングアップのつもりで走ることができたランナーは、ほとんどダメージもないだろうし、息がきれることもなくここまで走ってこられたはず。

初心者にとっては、10㎞はそれなりの距離。日ごろのトレーニングで、10㎞走るのには、それ相応の気合いを入れないと走れないという人もいるはず。

そうしたランナーのなかには、「まだ10㎞しかきていないのか」と感じてしまう人もいるかもしれないし、逆に「もう10㎞走れたんだ!」とテンションが上がるランナーもいるかもしれない。

いずれにしても、10㎞はまだまだレースの序盤。フルマラソンのほんの入口まできたにすぎない。ここでの一喜一憂は禁物である。景色を楽しんだり、周りのランナーを観察したり、心を静め、落ち着いた気持ちでレースを楽しみたい。

マラソンは、長時間自分の心と向き合うスポーツでもある。誰もが頭のなかでいろいろなことを考えながら走っている。だから、ランナーの精神状態は、走りのパフォーマンスにも大きな影響を及ぼす。

「早く20㎞にならないかな」

などと、先を急ぐせっかちな気持ちでいると、頭から疲労感が襲ってくる。まだ余裕があるからこそ考えてしまうのだが、こうした神経を擦り減らすような疲労が溜まると、そのうち思考回路まで疲れてくる。

逆に「調子いいぞ」と感じ、それを自分自身に言い聞かせながらプラス思考で走ることは決して悪いことではない。実際、前向きになり、いい結果につながることも多い。

しかし一方で、前向きすぎるがゆえに、ついつい気分が高揚してオーバーペースになってしまう場合もあるので注意したい。せっかく10㎞まではオーバーペースにならないことを意識しながら抑えてこられたのに、このあたりの距離でつい油断し、ペースを一気に上げてしまうランナーも多い。

いずれにしても大切なのは、気持ちの〝余裕〟である。

レースが始まって、序盤10㎞はウォーミングアップのようなもの。4分の1だと考えれば、まだまだ先は長い。

マラソンの本番はこれからである。この時点で「絶好調だ！」などと感じたり、ましてやゴールを意識したりするのは早計《そうけい》だ。

周囲の景色など、レースそのものとは関係ないことを考えたりしながら、淡々と、余裕をもって走っていきたい。

☑ 序盤の心理状態がゴールの明暗を分ける

レース序盤は

A）ウォーミングアップのつもりで走る
B）気合いを入れてタイムの貯金をする

B → **OUT!!** オーバーペースで後半大失速！！

A ↓

10km地点に到達

A）もう10kmか！
B）しんどいな。まだ10km、
あと、30kmもあるなぁ……

B → **OUT!!** すでにオーバーペースかも？ ペースを落として気長に進もう！

A ↓

10km地点の調子を判断すると…

A）とはいえ、今はまだ10km。油断は禁物だ！
B）快調、快調！ この調子ならペースを上げて行こう！

B → **OUT!!** まだ先は長い！オーバーペースで終盤失速の危険大！！

A ↓

コースの左右の景色を見ながらゆったりとした気分で走ろう！ 淡々と、余裕をもって走っていこう！

↓

HAPPY GOAL !?

マラソンレース必勝法 20

レース10km②

初心者 中級者 上級者

追い抜きランナーを気にするな

「マイペース」こそが、唯一無二の必勝法

レース序盤は、人の流れが落ち着かない。しかし、10km地点に到達するころにはそれも一段落し、自分のペースも落ち着いてくる。

レース序盤には、自分の横をかなりのスピードでかわしていくランナーも多い。筋骨隆々の男性ランナーが、力感あふれるフォームで元気に走り抜ける。しかし、明らかに自分がついていけないような速いペースで追い抜いていく場合、これらのランナーは、ほぼオーバーペースに間違いない。

大抵の場合、ランナーは追い抜かれると、焦ったり、嫌な気分になったりするものだ。

しかしこのタイミングで、他人のことを気にする必要はない。抜いた、抜かれたよりも、自分の身体感覚を確認し、大切にしよう。給水をしっかりとれているか、腕振りや脚のピッチなどを含め正しいフォームで走れているかなど、確認すべきことはたくさんある。まずはフォームを整え、自分のリズムで走ることを心がけ、ペースを守ろう。

ペースをうまく守れないランナーは、10㎞や15㎞くらいの地点からすでに、歩いてしまったり、止まってしまったりする人もいる。こうしたペースダウンを余儀なくされるランナーは、20㎞、25㎞と距離を重ねるにつれ、ますます顕在化《けんざいか》する。

レース終盤が近づいた時に、スピードはゆっくりながら、自分なりのペースを守って走ってきた熟年ランナーに追い抜かれた経験はないだろうか。

ベテランランナーは、自分が走るべきペースを知っていて、そのペースをしっかりと守ることができるから、レース序盤に勢いよく飛ばしていく若者たちにゆったり堂々と先を譲り、自分たちはマイペース走行に徹することができる。

一方、元気よく追い抜いていった男性ランナーが、後半、あるいは終盤になって失速、途中立ち止まってストレッチをしているというケースはよくあることだ。結果的に、ペースを守ってきたベテランランナーに抜き返されてしまう。

ホノルルマラソンでは、毎年3万人近いランナーが参加する。レース前に行われるツアー参加者へのレクチャーでは、必ずこう指導している。

「仮にレースの前半で、５０００人に抜かれたとしても焦る必要はありません。きちんとペースを守っていけば、レース後半だけで６０００人かわすことができますから」

実際、そんな心構えで臨むくらいでちょうどいい。ホノルルマラソンで、5時間のペースランナーをした時も、最初の7、８km は多くのランナーに抜かれっぱなしだった。ある程度前の位置からスタートしたこともあるだろうが、次から次へと抜かれていく。

それが10kmくらいで、抜いていくランナーの波が落ち着くと、今度は15kmくらいから、前のランナーが近づいてくるように感じ始めた。周りにペースダウンしている人が増えてくるのだ。20kmを通過するとその傾向はますます顕著になり、25kmくらいからは段々追い抜く側に回るようになった。そして30kmを過ぎると、周りには歩いているランナーが一気に増える。歩く人たちに遭遇するようになると、もうあとは追い抜く一方である。

序盤で追い抜いていったランナーたちは、レース後半になって大きくスピードダウン。その横を、前半我慢してマイペースを貫いたランナーたちが抜き返す。その気持ちよさは格別だ。レース終盤のランナーにとっては励みにもなる。

マイペース

マラソンレース必勝法

21

レース10km③

初心者　中級者　上級者

給水は早めにあわてずしっかりと

エイドステーションはランナーのオアシス

マラソンレースにおいて、給水は大変重要なポイントのひとつである。42・195kmを身ひとつ、ほとんど手ぶらで走るランナーにとって、給水ポイントは唯一身体のメンテナンスをできる場所。水は飲んで補給するだけでなく、オーバーヒートした脚にかけたり、痛みのある筋肉を冷やしたり、時には暑さ対策のために頭からかけたりもする。給水はできる限りフル活用したい。

初心者がまったく水をとらずにゴールすることは考えづらいし、そもそも脱水症状になってしまうので危険だ。暑ければ、すべての給水ポイントで水を欠かさずとる気持ちで走りたい。

給水をスムーズに行うためには練習が必要だ。特に初心者にオススメするのは、レース最初の給水から必ずとることである。

第1給水ポイントでは、まだ喉が渇いていないからと、とらないランナーも多い。しかし、ここで一度給水することで、特にレース経験の浅い人にとっては給水の練習にもなるし、そもそも5kmごとにしか給水がないようなレースの場合、はじめにとらないと次の10km地点まで水をとれないことになってしまう。

5km時点では喉が渇いていなくても、10kmもの間、水を補給できないのは不安である。そもそも、喉の渇きを感じてから給水するのではもう遅い。喉が渇いたと感じた時には、脱水症状は進行しているからだ。したがって、はじめから水をとるように心がけたい。

参加ランナーの数や大会の運営規模によって、給水テーブルの数もサイズも異なる。給水所の規模が大きい時には、できるだけ空いているテーブルを探そう。

スムーズな走りを最優先するためにも、急ブレーキ、急発進は避けたい。給水ポイントにさしかかったら、後方のランナーを確認し、徐々に減速しながら、斜めにテーブルに近づいていく。テーブルの進行方向一番奥の角のコップをとるのが失敗しないコツだ。

その際、我先にとランナーをかき分けて給水をするのは、マナー違反。スムーズにとりそこなったとしても、タイム差にして数秒程度のことである。スムーズに給水することは理想だが、決して焦る必要はない。

焦ることで他のランナーと接触したり、転んだり、あわてて飲んでむせたりといったようなトラブルが起こりやすいので注意しよう。

ちなみに、エイドステーションにあるのは、水だけではない。スポーツドリンクをはじめ、水をふくんだスポンジや、エネルギー補給のための給食、ナトリウム不足を補う塩や梅干し、レモンやオレンジなどのほか、スイカやブドウなどのフルーツが置かれているレースもある。特に最近は、地元の名産品など、マラソン大会ごとに特色ある補給用アイテムが用意され、楽しむことができる。

焦っていると、これらのものを見逃してしまうこともある。水分やエネルギーの補給が給水・給食の最大の目的だが、それだけではなく、エイドステーションに置かれているさまざまなものを試してみるのもマラソン大会を楽しむ方法のひとつだと思う。

給水ポイントになにが置かれているかは、大概は大会要項やパンフレットに掲載されている。あらかじめチェックした上で、レース本番では落ち着いてとるようにしたい。

Good Point!

ランナーズハイは悪魔の誘惑

ハイになり身体が軽くなってもまだ「我慢」

「ランナーズハイ」という言葉を耳にしたことがあるだろうか。

ランニングを1時間近く続けていると、時折、恍惚感《こうこつかん》にも近い気分の高揚感を抱くことがある。身体の奥から力が湧きあがり、いつまでも、どこまでも走って行けそうな気持ちのよさに包まれる。

ランナーズハイになると、興奮は高まり、実力以上に走れそうなエネルギーが身体の奥から湧いてくる。そのため、ついついペースを上げたくなってしまう。

このランナーズハイは、脳内麻薬の一種であるβ―エンドルフィンが分泌されることによってもたらされる現象であるという説が有力。すなわち、ちょっとした〝まやかし〟のようなものである。しかも、時間にしてほんの5分から10分程度しか続かず、ずっと保たれるものではない。したがって、その一瞬の高揚感に惑わされてペースを上げてしまうとレース後半とんでもなく痛い目にあう。

脳は高揚感を得ているが、実際に力がついたわけではない。とにかく身体が軽く感じるために、ついついスピードを上げたくなってしまうのだが、気分にまかせてペースを上げると、筋肉は完全にオーバーヒートする。身体は本能的にどこかで歯止めをかけようとするのだが、脳がマヒしている状態であるため、結果的に負担が大きくなってしまう。ランナーズハイを体験している間、想像以上のダメージが身体にもたらされるのだ。高揚感のピークがすぎ、我に返った時、激しい疲労感を感じていることも多い。

こんな時は、気持ちよさを感じながらも、頭は常に冷静に、ペースキープを心がける。トップアスリートですら、ランナーズハイの魔力に魅せられてしまう選手もいる。マラソンのレースを観ていて、15㎞や20㎞すぎに突如猛烈なスパートをかけるような選手がいるが、まさにこれがその典型的なケースであることが多い。この時点でスパートして振りきれるわけもないことは、頭ではわかっているのだが、身体が軽くなりすぎて抑えがきかなくなってしまうのだろう。

結局、時間にして10分程度、距離にして2、３㎞のランナーズハイはすぐに途切れる。しかし、自分自身をコントロールできずに、ついペースを上げてしまう。正気に返った時には身体に大きなダメージを受け、結果的に失速してしまう。

ペースを上げずに我慢していたとしても、ランナーズハイが終わり、通常モードに戻った時、身体にはちょっとした重さが残る。普段走っていても、体調や疲労には波があるものだが、その波の一番下になってしまったというイメージでとらえればいい。

こういう時には、フォームも崩れやすいので、一旦落ち着いてフォームをチェックしながら、上半身をリラックスさせて姿勢を正す。これを心がけるだけで随分違うはずだ。

人に限らず生物は「ホメオタシス（恒常性）」という性質をもつといわれている。これは、内部・外部の環境因子の変化によらず、生体の状態は一定に保たれる性質や状態のこと。

ランナーズハイが起これば、一方で帳尻を合わせて中庸《ちゅうよう》に保とうとして、それを抑える動きが身体のどこかに生じる。それを知らずに、調子に乗ってスピードアップすると、必ず痛い目にあう。ランナーズハイは気持ちいい体験だが、くれぐれも注意が必要だ。

Runner's high
ぐったり
Speed UP!!
Runner's high
冷静に
Keep Pace!!

マラソンレース必勝法
23

塩分補給でトラブル回避

レース15km②

初心者 中級者 上級者

ナトリウム不足にご用心

レースの際、注意すべきは水分不足だけではない。「塩分不足」も大いなる敵だ。気温が高いと特に注意が必要になるが、汗をかく量が多いと、脱水症状だけではなく、低ナトリウム血症に陥りやすい。汗で塩分を排出することによって、身体のなかでナトリウム不足を引き起こす。その結果、神経伝達にも影響を及ぼし、運動機能が低下したり、けいれんが起こりやすくなったりする。決して侮れない深刻な身体の危険信号だ。

いわゆる「塩」は塩化ナトリウム。塩でナトリウムを補充するのが一般的だ。

練習やレースが終わった後などに、身体が真っ白になるほど、塩が吹きだしている経験をしたことがあるランナーも多いだろう。また練習後の食事の際は、味が濃いものをほしくなる。それは汗と一緒に身体から塩分が流れでてしまった証拠だ。

15km地点では、すでに相当量の汗をかき始めている。しかし、この時点ではまだ、低ナトリウム血症の症状がでていることはほとんどない。症状がでるのは、もう少し先になってから。しかし、症状がでてから補給したのでは遅く、塩分を口にした時にはすでに手遅れという場合もある。

そこで、15kmをすぎたこのあたりから、積極的に塩分補給を行うようにしよう。あらかじめ塩を摂取することによって、低ナトリウム血症を予防できる。身体の渇きを感じるようになってからの給水では手遅れであるのと同様だ。

補給する量が多すぎても、自然に汗や尿で排出されるので、さほど心配はいらない。そもそも、しょっぱいので、そんなに大量に摂取することはできないだろう。

大会のエイドステーションで準備されているものはまちまちだが、補給するものとしてオススメなのは、食塩、梅干し、塩飴などだ。

スポーツドリンクのなかには、ナトリウムを含んでいるものもあるので、水だけではなくスポーツドリンクを飲むことで、ある程度ナトリウム補給の効果を期待できる。ただし、スポーツドリンクの主たる構成成分は糖質やアミノ酸であるケースも多い。実際の成分はドリンクごとによって異なるので、スポーツドリンクを飲んでいるからといって、安心はしないこと。

また、塩分不足の時、意外に効果的なのはバナナだ。バナナには大量のカリウムが含まれている。これが、身体のなかでナトリウムと同様の働きを発揮する。エネルギー不足の際に、カロリー補給の意味合いでバナナを口にする人も多いが、実は、バナナのカロリーはたかが知れている。

確かに、バナナは消化がよく、エネルギーにすぐ変わりやすいという特長はあるが、汗をかき、疲労した時の低ナトリウム血症を防ぐ意味でも絶大な効果を発揮するのだ。

レースで脚がけいれんしやすいランナーは、比較的汗っかきの人が多い。単なる筋肉疲労だけではなく、ナトリウム不足から引き起こされやすい。けいれんを経験したことがあるランナーは、ナトリウムが含まれたサプリメントをあらかじめ摂取したり、こまめに塩分補給をしてリスクマネジメントをすることも大切だ。

Na
Na
Charge!
K
Na
STAFF

マラソンレース必勝法
24

究極のトイレ術

レース15㎞③

初心者 中級者 上級者

走りながらトイレができればタイムロス〝0《ゼロ》〟

ランナーにとって、レース中、ロスタイムをつくってしまうトイレには、できれば行きたくないというのが本音だろう。ここまで激しい運動をしてきて、いきなり止まって、また走りだすというのは、リズムを崩し、身体を冷やすことにもなる。

トイレに関しては「レース前」の項目でも注意を促したように、しっかりとスタート前に済ませておいてほしい。

しかし、それでも、レース中の水分補給などにより、トイレに行きたくなるケースがある。そうした場合は、トイレに行かざるを得ない。

東京マラソンやホノルルマラソンなど、参加人数の多い大会では特に、仮設トイレに行列ができ、トイレ待ちの時間が必然的に長くなる。

列に並ぶために止まることによって、筋肉は硬直し始める。そのままではうまく走れなくなるので、できるだけ長い行列に並ぶことは避けたいもの。行列があまりにも長い時には、我慢できるようであれば、次のトイレまで進んでしまおう。

東京マラソンは、東京の街中を走り抜けるレースだ。主催者が準備した仮設トイレだけではなく、公衆トイレをはじめ、デパートや地下鉄の駅、コンビニなど、さまざまなトイレが街に設置されている。あらかじめコースの下見をし、コースマップを見て調べて、行列ができづらい〝穴場〟トイレをチェックしておくこともできるはず。うまく活用して、空いているトイレで用を足したい。

大便の場合はやむを得ないものの、小便に限っては、究極のトイレ術は「走りながら用を足す」ことである。

ロードの自転車競技の選手などは、普通に自転車を漕ぎながら小便をするが、ランナーもこれができれば、タイムロスもなく、立ち止まることで筋肉が冷えてしまうリスクもなくなる。ただし、これは非常に難易度の高い技術である。

トイレをするためには、リラックスした状態が必要になる。自転車の場合は、漕いでいるといっても、サドルに座っているので、リラックスした状態はつくりやすい。しかし、ランニングの場合は、1秒に2回から3回は着地を繰り返す運動のため、リラックスした状態をつくりだすことが難しい。

実際には、両足が地面から離れ、宙に浮いた状態が、もっともリラックスできる。ポイントはそのタイミングを合わせて、尿道を緩めることである。一度緩めて流れだす感覚がつかめれば、走りながらいつでも用を足すことができる。

実は私も、レースで試したことがある。それは、ハワイ島で行われたビッグ・アイランドマラソンでのこと。レースは土砂降りの雨のなかで行われ、「試すならこのレースしかない」と思うような天候だった。

何度か試すうちに、着地している時はどうしても全身に力が入ってしまうため、用を足すことができないことがわかった。そこで、身体が宙に浮くタイミングに合わせ、尿をだそうと膀胱周辺に力を入れるように試行錯誤しているうちに、コツをつかむことができた。

この時、走りながら小便をする思わぬメリットも発見した。普通は、あまりトイレに行きたくないからと、給水をとりすぎないように注意するのだが、いつでもどこでも排出することができるので、そうした心配をする必要がないのだ。そのおかげもあって、このレースは、大雨のなかでも快調に走ることができた。

もちろん、給水ポイントでとった水をかけたりして洗い流すなど、他人にわからないようにこっそり後始末をすることは必要になるが、実際には尿も汗と似た成分で、慣れればさほど汚いものでもない。

話は1991年にさかのぼるが、東京で行われた陸上の世界選手権の際に、日本の谷口浩美選手が男子マラソンで金メダルに輝いた。この時、3位に入ったスティーブ・スペンス選手（アメリカ）も、レース中に走りながら小便することで、タイムロスなく銅メダルを獲得することができたと後のインタビューで語っている。

特に暑い時期のマラソンでは、汗をたくさんかく。汗をかくのは体温調節のためだが、過剰だと体力も消耗する。しかし暑さを考えると、多くの水分を補給しないとならない。尿から水分を排出できれば、余分な汗をかくことを防ぐこともできる。尿をだしたことで若干ではあるが体重も軽くなるため、その分身体が軽く感じて走ることができる。

こうしたトイレ術は、トップアスリートたちもあまり人にはいわないが、実際にやっている「究極のテクニック」といっていいだろう。

マラソンレース必勝法
25

中間点を折り返しと思うべからず

レース20km・中間点①

初心者 中級者 上級者

ハーフ通過は「残り半分」という感覚ではない

多くのランナーが、中間点にさしかかると「半分まできた！」と思って喜ぶだろう。しかし、この距離感には若干の〝勘違い〟がある。

まったく走っておらず、フレッシュな状態でスタート地点に立ち、そこから21・0975km走ってたどり着いた中間点までの前半戦と、中間点までの疲労を抱えながら残りの21・0975kmをゴールまで走る後半戦とでは、実際走る距離こそ同じだが、体感距離は後者の方が明らかに長く感じるはず。

レース前半は、そこまで淡々と距離を消化してきたにすぎない感覚かもしれない。一方レース後半は、「本当に苦しいマラソンは、いよいよここから始まる」という感覚をもつべきである。

淡々と半分の距離を進み、できる限りダメージが小さい状態で、残り半分を迎えるのが理想的。逆にいえば、この時点ですでにヘロヘロになっていて、「ようやく半分まで辿り着いた！」と感じているようであれば、レース残りの半分に〝地獄の苦しみ〟が待っていると思って間違いない。

イーブンペースを守って上手に走れるランナーのなかには、レース後半のほうでペースを上げて走るランナーもいるが、ほとんどのランナーは後半でタイムを落とすもの。サブ4を目指していて2時間で折り返せたとしても、この中間点を通過した際の心と身体の両面の余裕度が、目標を達成するための大きなカギを握っている。「もう半分を、同じペースで走りきればいい」と思うのは簡単だが、とらぬ狸の皮算用になってしまう可能性も高いのである。

では、どういう状態であれば、レース後半の巻き返しが可能なのか。

たとえば仮に、中間点通過の段階で、「身体がやや重い」と感じているとしよう。

スタート地点に立った時に感じていた、身体の重さが、いまだに続いているようなら、後半の巻き返しは可能である。これは、身体を重く感じている状態が、徐々に軽くなり始めるタイミングが、この後にくるからだ。

しかし、レース前に重く感じていた感覚がとれて、一度身体が軽くなり、その後、また身体が若干重く感じるようになってレース後半を迎えているのであれば、そこから状態が一気に好転するとは考えづらい。

後は、「この苦しみに、どこまで耐えられるか」という厳しい後半戦が待っていることになる。

また、コースの設定によっても、残り半分の感覚は狂わされやすい。

中間点で走ってきた道を折り返し、スタート地点まで戻ってゴールを迎えるという、いわゆる折り返しコースであれば、一度走ったコース逆方向に戻ることになるので、後半のコースイメージもつきやすい。しかし、折り返しがないワンウェイのコースや、複雑な周回コースなどの場合は、「残り半分」のイメージをなかなかもちにくい。

物理的なマラソンの中間点は、少なくとも体感レベルではマラソンのハーフ地点という感覚ではない。心と体力のペース配分にはくれぐれも注意が必要だ。

やっと半分だ!
まだまだ
これからだ!!
折
返
点

マラソンレース必勝法 26

フォームチェックを忘れずに

レース20km・中間点②

初心者 中級者 上級者

他のランナーウォッチングから学ぶ

20kmから中間点にさしかかるくらいまでくると、ランナーの疲労度には大きな差が生まれ始める。

中間点までマイペースで淡々と走ってくることができたランナー。多少のペースの上下げもあり少し疲労があるが、後半、巻き返しを期すランナー。前半で頑張りすぎ、だいぶ息もあがってしまい、完走に不安を抱えるランナー。

ランナーのタイプによって疲労度合はまちまちだが、すべてのランナーに、残り半分21・0975kmが待ち構えている。

そこで、後半に備え、ランニングの基本がきちんと実践できているかどうか、今一度確認しよう。腕の振りは問題ないか。着地のポイントにズレはないか。骨盤の動きはしっかりとできているか。このタイミングで忘れずにフォームチェックをきちんとしておきたい。

特に重要なのは、「上半身がリラックスした走りができているか」ということ。

マラソンにおけるランニングフォームは難しい課題で、本来チェックすることもなかなか簡単ではないのだが、もっとも大切なのはリラックスして走ることである。身体のどこかに余分な力が入ってしまうと、走りのバランスは崩れてしまう。

身体だけで42km以上の距離を移動させなくてはならないため、バランスが一度崩れてしまうと、立て直すのが難しくなるのだ。

「ちょっと右足が痛い。だけど、痛みを我慢しながら進もう」

と思っても、こうした無理はレースの最後までもたない。フォームのバランスを崩してしまったために、右足の痛みが余計に増したり、逆に右足をかばい、左足にさらなる痛みを発生させてしまったりするケースもよくある。

あまりにも違和感がある場合は、タイムのことは一度あきらめ、まずは完走することを第一に考えよう。そのためにも、ペースを一旦落とし、走りのバランスに注力すべきである。バランスを意識してフォームをきちんと修正することが、結果的に痛みの原因を取り除くことにつながり、レース終盤にもう一度ペースアップできることもある。

しかし、あくまでタイムを重視し、痛みをかばい、無理にスピードを維持して進むと、5km先、10km先でリタイアすることにもつながりかねないほど、事態が深刻になることもあるので、くれぐれも注意したい。

自分のフォームをチェックする時は、特に、左右のバランスや、猫背になっていないかなどの姿勢に気を配ろう。地面に投影される影を見ながらもチェックするのもいいだろう。街中のレースであれば、ショーウインドに反射して映る自分の姿を確認するのもわかりやすい。少なくとも、自分のフォームを気にかけ、修正すべき点はないか考えながら走ることが大切だ。

とはいえ、レースの中間点を迎え、突然フォームに気をつけろといわれても、それはなかなか困難なことである。

そのためにも、日ごろから自分自身のフォームを意識しておくことが必要だ。特に、練習の走りはじめよりも、練習後半で走っている時にフォームを強く意識するといい。

たとえば、皇居を2周するのであれば、2周目後半を走っている時に、正しいフォーム

☑ フォームのチェックポイント

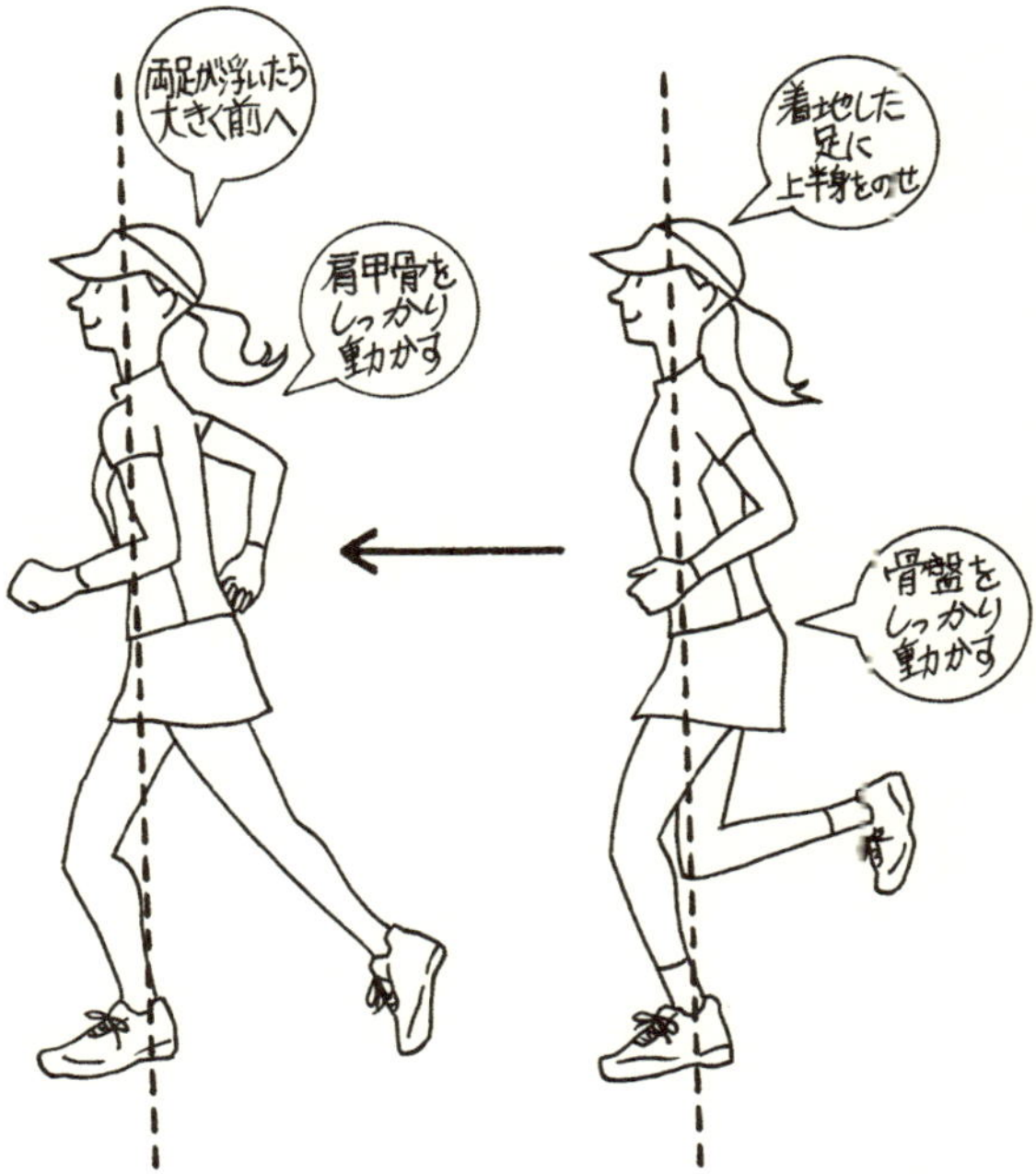

で走れているのかを意識しよう。

練習でもレースでも、他人のフォームをしっかり観察するのもおもしろい。自分のフォームの癖を自分で把握するのはなかなか困難だが、他人のフォームの悪い癖は見つけやすいものである。

「この人は疲れているせいか、随分左にバランスが傾いているな」

「あのランナーは、足の先がだいぶ外を向いて走っている」

このように気づいた点を自分におきかえ、そうなっていないかと気にかけ、意識しながら走るだけでもかなり違う。少なくとも、なにも考えずに走るよりはよほどいい。

普段の単独トレーニングでは、同じペースで走っている人が常に目の前にいたりするケースは少ないかもしれないが、レースの場合、20㎞あまり走ると、周りを見渡した時に、自分と同じようなスピードで走っているランナーも多く、フォームの観察がしやすいはず。

長い時間、他のランナーウォッチングをすることができる機会は限られている。この機会に、フォームの長所・短所を研究しながら、自分が走る際のフォーム改善にいかせるようしっかりと学んでほしい。

マラソンレース必勝法 27

レース20㎞・中間点③

初心者 中級者 上級者

「給水」＝「飲む」＋「かける」

飲むだけが給水ではないから、最低でも2つはとる

給水の基本は、「飲む」ことだけではない。「かける」ことで火照《ほて》った身体を「冷やす」のも、水が果たす重要な役割だ。したがって給水ポイントでは、水のコップを2つ以上とるように心がけよう。

暑い夏場の時期はもちろん、冬場のレースでも、徐々に身体が温まってきて、中間点を迎えるころには身体にかなり熱がこもってしまっている場合が多い。そんな時に、首筋に水をかけたり、頭から水を浴びたりするのは、オーバーヒートを防ぐ意味でも効果的だ。

また、気分をリフレッシュさせる目的で、コップの水を使って顔を洗うのもいいだろうし、ヒザの外側など、痛みを感じる部分に水をかけるのも有効だ。

このように考えれば、水はとても2つでは足りないかもしれない。とるコップの数に制限はないので、自分の体調や痛みなどによっては数多く確保して積極的に水を利用しよう。

給水の際は、コップの上から指を入れてとるようにしよう。横からとろうとすると、うまくつかめずこぼしてしまうことも多いので要注意。自分が走るスピードを減速しなくても、上からコップに指を差し入れるようにすれば比較的簡単にとれるはずだ。コップが密集して並んでいれば、いっぺんに複数とるのがベストである。レースの際には、私は3つとることが多い。そうしてとった水は、ひとつずつ使っていく。

飲む水に関しては、まずコップの角をつぶして、口に差し込みやすいようにしよう。そして、口のなか全体を湿らすようにゆすぐ。それから、ちびりちびりと飲むようにする。よほど暑い時は、ある程度の量の水を飲むこともあるが、ゴクゴクと飲んでしまうと、今度はお腹に水が溜まってしまうので、あまり飲み過ぎないように注意しよう。

エイドステーションにスポンジが用意されている場合は、かけるための水はスポンジを使うのも便利だ。ただしスポンジは使い回しで提供されている。スポンジに含んである水を口に入れるのは、美味しくないし清潔でないので避けるべきだ。

☑ 給水のポイント

25㎞は心と身体の「分岐点」

マンネリ感を打破しよう

マラソンレースではさまざまなことが起こる。

身体が元気な前半は、ペースを上げたくなる。頭のなかでは「我慢しなくては」といい聞かせていても、汗をかいて気持ちよくなるとペースアップの誘惑に負けそうになる。

こうして葛藤しながら、中間点をすぎ、25㎞地点を迎えるころには、速いランナーでも1時間半程度、通常であれば2時間以上走り続けることで大量の汗をかいている。低ナトリウム血症と低血糖の合併症のような症状も起こしやすく、若干頭がボーっとしてくるため、身体にも疲労感が漂うようになり、「きつい」と感じる時間帯である。

だが実際には、こうした疲労感には波があり、しばらくすると収まるもの。

「この苦しさは想定内。力まずに淡々と走っていれば、そのうちにまた回復するはず」

このように考え、多少ペースが落ちてしまうことは許容し、水を多めにとったり、塩をなめてみたりといろいろ試しながら、リラックスして乗りきればまったく問題ないのだが、

「う〜ん、苦しい時間帯だ。完走できるかどうか。なんとか頑張らなくては……」

というように、ここが頑張りどころと思い、つい力んで硬い走りになってしまうのが、まさに危険なパターン。ここで無理して走りのバランスが悪くなると、疲労は余計に増大し、失速につながる。

25㎞を境に、30㎞までの5㎞を、いかに心と身体をリラックスかつ集中させた状態で走れるかどうかが、まさに、マラソンの明暗を分ける分岐点になるのである。

もちろん、最終的にこの危機を乗り越えられるかどうかは、トレーニングをきちんと積んできたか否かによって決まる。しかし、どんなにトレーニングを積んできていても、マラソンにはこうしたつらい時間帯が必ずやってくる。

実際に失速して止まってしまうのは、大抵30㎞すぎなのだが、

「まあ、25㎞をすぎたらこんなもんだ」

そんな風に現実を受け止めた上で、気持ちをどう保つかは重要なテーマである。

また、このような苦しい時間帯を迎えるころには、ペースも安定し、周りで走っているランナーもほとんど同じメンバーで固定されている。周りのランナーが変わらないことによって、走ることに飽き始めてしまうこともある。心のなかで走りに対するマンネリズムを感じやすい上に、このタイミングで自己ベスト更新が難しいとわかれば、もはや心が折れる寸前かもしれない。

そんな時は、思いきって気分転換しよう。ランナーウォッチングに勤《いそ》しむのもいいだろうし、沿道で声援を送ってくれる人たちとハイタッチをしながら走るのもいい。タイムの更新が明らかに難しければ、目標設定を変更することが必要である。そして、

「42㎞って本当に長いですね」

「このままいくと、これくらいのタイムになりそうかしら」

「お互いつらいですけど、頑張りましょう!」

こんな風に周りのランナーに向かって話しかけ、励まし合うことによって、マンネリ感を打破できることもある。心が折れやすく、身体が音を上げ始めるこのタイミングだからこそ、強い気持ちで乗り越えたいものである。

Fight!
25km
4時間半
狙えるペースですよ♪
いっしょに
がんばりましょう!

マラソンレース必勝法
29

レース25km②

初心者 中級者 上級者

ここから努力の成果の見せどころ

25kmから先はいばらの道、いよいよ試練の時

仮に初マラソンだとしても、ある程度の体力があるランナーであれば、練習をしていなくても20kmから25km程度はなんとか走れるもの。

しかし、フルマラソンは長い。

ここから先は本当に厳しくなるのだ。このつらい時間を迎えて、いよいよ、これまでの努力の成果が問われることになる。つまり、レース前に、しっかりと練習を積むことができたどうかが大きく影響するのである。

25kmを走ってきたランナーの身体には、非日常的体験により、予期せぬことが起こり始

☑ 努力の成果はここから示す！

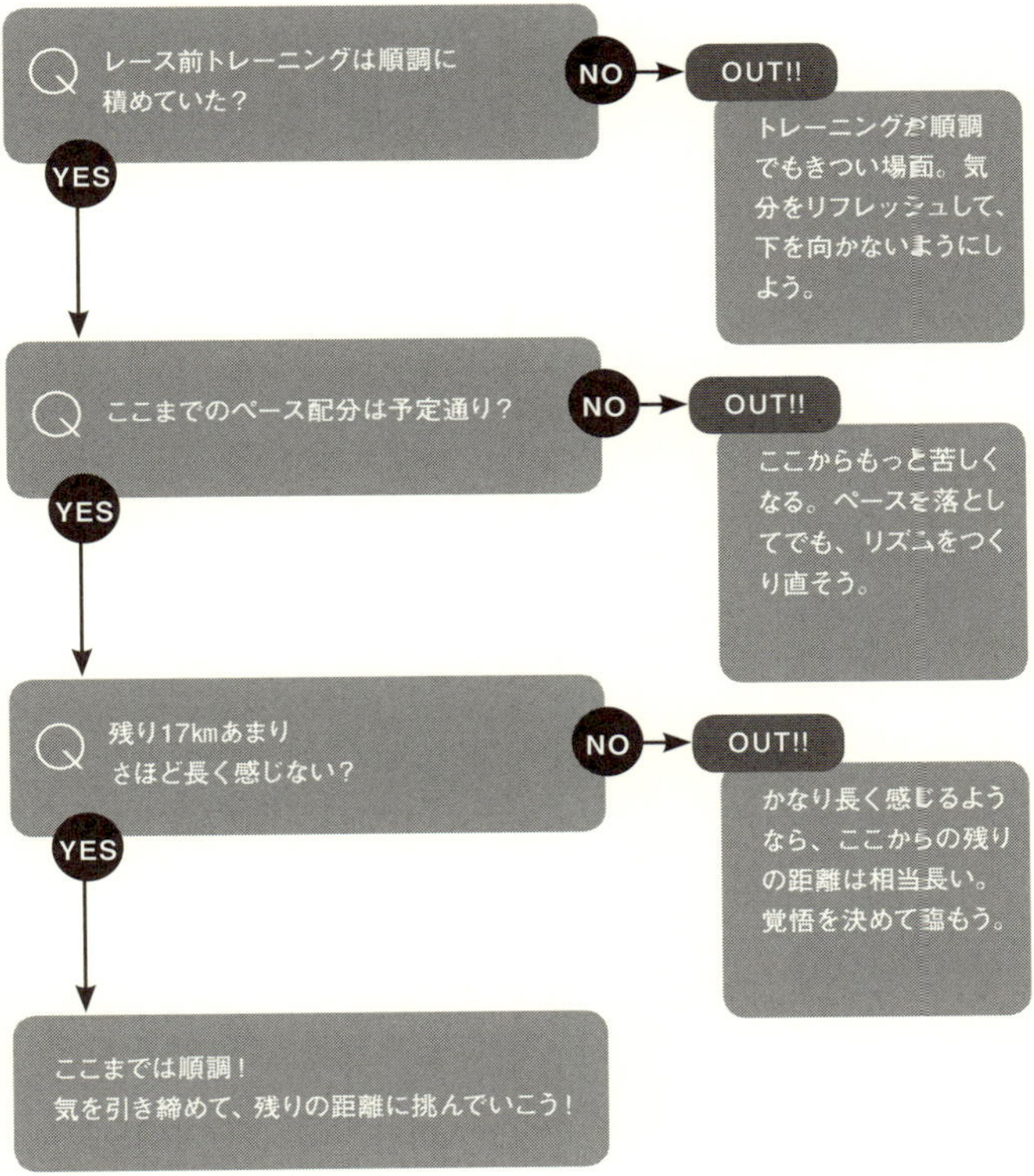
Q レース前トレーニングは順調に積めていた？
NO
OUT!!
トレーニングが順調でもきつい場面。気分をリフレッシュして、下を向かないようにしよう。
YES
Q ここまでのペース配分は予定通り？
NO
OUT!!
ここからもっと苦しくなる。ペースを落としてでも、リズムをつくり直そう。
YES
Q 残り17kmあまりさほど長く感じない？
NO
OUT!!
かなり長く感じるようなら、ここからの残りの距離は相当長い。覚悟を決めて臨もう。
YES
ここまでは順調！
気を引き締めて、残りの距離に挑んでいこう！

めている。

特に、初マラソンの人には、未知の体験となる厳しい時間帯。練習をしてこなかった人には、間違いなく、まるで自分の身体が自分のものでなくなったような、とんでもない苦しみが待っている。

もっとも、努力の成果が問われるといっても、トレーニングをしていないランナーは、日ごろの努力をしていないわけだから仕方がない。

こうしたランナーには大変申し訳ないが、30㎞すぎの苦しみに関しては、覚悟してほしい。まずは、苦しみに対する心の準備を整えるべきだ。

とはいえ、つらさを感じるのは決してはじめての人だけではない。ベテランランナーになったら、マラソンが楽になるかというと、そういうわけでもないのである。

ランナーによっては、「こんなにきつかったっけ?」と、レース終盤のきつさを忘れてしまっている場合があるが、何度レースを体験しても、マラソンの苦しみは毎回伴うものだ。

しかし、こうした経験を積んでいる人や、きちんとトレーニングをこなしてきた人であれば、このギリギリの場面で耐えしのぐことができる。ここで我慢できるかどうかが、まさに「練習の差」となって表れるのである。

マラソンレース必勝法

30

レース25㎞③

初心者 中級者 上級者

トラブル予防のための「給食」

目的はエネルギー補給だけではない

初心者をはじめ、4時間以上かけて走るランナーのなかには、レース途中でお腹が空いてしまうことがある。そんな場合、給水だけでは乗り越えることができない。「喉が渇いた」と感じた時には、すでに脱水症状が起こり始めている。喉の渇きを感じる前から、水は定期的に補給するように注意すべきだという話はすでにした。

一方「お腹がすいた」と感じた場合は、カーボローディングをはじめ、レース前にしっかりとした食事計画を遂行できていれば、特に心配はいらない。人間の身体には、燃焼することでエネルギーとなる「脂肪」も蓄えられているため、仮に空腹を感じたとしても、単純に胃が空になっているにすぎず、エネルギーはまだ十分に残っている。10時間以上かけて100㎞を走るようなウルトラマラソンではなく、フルマラソン程度であれば、特にエネルギー不足になることはないと考えていい。

しかし、実際に空腹を感じてしまうと、身体に力が入らなくなってしまうこともある。「腹が減っては戦《いくさ》ができぬ」というわけだ。

また、単なる空腹だけではなく、低ナトリウム血症や低血糖症など、血液の状態も、マラソンを走る上では見逃せない要素である。この場合、エネルギーを補給するのではなく、脱水症状が起こらないように注意して給水するのと同様に、身体の状態を整えることが最大の目的。完全に発症してから対応するのでは手遅れである。

エイドステーションでオフィシャルに準備された食材や、持参した食料やサプリメントを口にして、予防の意味を含めた「給食」に気を配ろう。自分自身の身体の状態をしっかり見極め、給食で補給することで力に変えることが大切だ。

暑い日など汗の量が多い時は、塩、塩飴など塩分をとり、ナトリウム不足を防ぐことが重要になる。バナナに含まれるカリウムが、ナトリウム不足を解消する役割を果たすことも、先に触れたとおりである。

☑ ランナーのためのトラブル講座

【けいれん】神経の流れが局所的に麻痺し、不随意に筋肉が激しく収縮することによって起こる発作のこと。パターンは多種多様だが、大きく全身性の場合と身体の一部分である場合とに分かれる。ランナーはふくらはぎや太ももなどがけいれんしたり、つったりするケースが多い。

【クエン酸】レモンやグレープフルーツといった柑橘類などに含まれる有機化合物で、ヒドロキシ酸のひとつ。各種サプリメントの成分として多用される。クエン酸を摂取すると乳酸が生成されず疲れにくいといわれている。

【低ナトリウム血症】血中ナトリウム濃度が135mEq/l以下になる症状のこと。血清Naの基準値は135～145mEq/lとされており、下痢、嘔吐、大量の発汗などの体液喪失が原因であるケースが多い。発汗などで水分、塩分を大量に失った際に、塩分を補給せず、水分のみ大量に補給することでさらに症状が進みやすいので注意が必要。軽度の虚脱感や疲労感、頭痛、食欲不振、さらに症状が進むと、けいれん、昏睡といった状況に陥ることもある。

【カリウム】細胞外液にあるナトリウムとバランスをとりながら、体液の浸透圧を保ち、その調節機能を果たす。また、末梢神経を広げ、筋肉の収縮を円滑にするなど、筋肉の働きをスムーズにする効果もある。そのほか、ナトリウムの過剰摂取による高血圧を防ぐ効能や、エネルギーを産生する機能ももっている。夏バテの原因が、カリウム不足にある場合も多い。バナナやキノコなどに多く含まれる。

【低血糖症】血糖値が正常な変動幅を超えて低くなることで症状が現れること。血糖値は食事によって多少変動するものの、変動幅は通常70～120mg／dlの間におさまっている。いらいら感が強いくらいの症状でおさまることが多いが、症状が進むと、意識の混乱、おかしな行動、集中力散漫、眠気、発語困難、頭痛、複視、けいれん、昏睡や、空腹、発汗、震え、不安、動悸、口唇乾燥などといった症状が起きる。糖分を含んだ甘いものなどを摂取することにより、症状が緩和されるケースが多い。低血糖により、力が入らなくなることを「ハンガーノック」と呼ぶことも。定期的に補給食をとることで予防することができる。

レモンやオレンジに含まれるクエン酸は、エネルギー源となるグリコーゲンを燃やす補助剤の役割を果たす。積極的に補給することによって、不完全燃焼を防ぐ効果がある。ちなみに梅干しは、塩分とクエン酸の両方を兼ね備えているので、その点で素晴らしい食材だといえよう。

エネルギー不足を感じやすい場合は、バナナのほか、パワージェルなども効果的だ。

血糖値が下がってしまっている時には、チョコレートや氷砂糖など甘いものが有効なのだが、一気に糖分を補給して血糖値を上げると、今度は血糖を下げるためにインシュリンが大量に分泌される。身体が無意識的に調整しようとするためだが、時には逆に低血糖状態を促進させ倒れてしまうこともあるので注意しよう。

予防の意味も含めて、空腹を感じたり、危険を感じたりする前に、こまめに口にするように心がけることが大切だ。究極の空腹で血糖値が下がって動けなくなるような「ハンガーノック」は、いわゆる「痩せの大食い」の人がなりやすい傾向にある。空腹を感じないようエネルギー補給は積極的に行うべきである。

特に、血糖値が下がりやすい人や汗っかきの人など、自分がどういう症状を起こしやすいかを把握しておけば、給食によるトラブル予防はもっと容易になるはずだ。

マラソンレース必勝法
31

レース30km①

初心者
中級者
上級者

「歩き」戦略で苦境を打破する

「歩き」＝「悪」のイメージを取り払え！

3時間30分を切るランナーには、歩いてしまう人はほとんどいないだろうが、4時間程度で走るランナーのなかには、途中で歩く人もいる。

ただ単に苦しいので〝歩いてしまった〟というランナーが多いはずだが、実は、苦しい時にあえて戦略的にウォーキングをとり入れることで、よりスムーズに走れるようになることもある。

長時間ランニングを続けることで、身体全身に大きなダメージが蓄積している。筋肉痛はもちろん、時には腸脛靭帯炎《ちょうけいじんたいえん》などの炎症を引き起こしてしまう場合もある。あるいはマメや靴ずれ、アキレス腱や足首の痛み、さらには、脚だけではなく、腰の痛みや全身の疲労感など、マラソンを走ることによるダメージは、さまざまな部位に及んでいるはずだ。

これだけ長い距離を走っていれば、多かれ少なかれ、ほとんどすべてのランナーが痛みに襲われることになる。しかし、だからといって、この痛みを我慢しすぎるのは禁物だ。

そもそも、痛みをこらえて走ったからといって、最後まで走り続けられる保証はない。なんとか歩くまいと無理をして頑張り、どうにも走れなくなって歩いてしまった……という場合は、もう一度スピードを上げて〝走り〟に戻すことは、もはや不可能だと思っていい。

このように、完走の危険を感じた場合には、あらかじめ計画的に「歩き」をはさむことによって、身体へのダメージを最小限に抑えることができる。

走るのと歩くのとでは、そもそも着地衝撃がかなり違う。走りから歩きに変えた瞬間から、それまで感じていた痛みは和らぐはずだ。そして、歩いている間にうまく痛みをしのぐことができれば、もう一度ゴールを目指して走りだすことも可能。

痛みが最悪の状況にならないよう、脚の強い痛みやそれまで蓄積した疲労を緩和しつつ、靭帯や筋肉などの痛みがさらに広がるのを防ごう。疲労回復やトラブル防止を念頭に置き、姿勢を直し、肩を回したり、深呼吸をしたりしながら、上半身を一度リラックスさせることを意識し、歩きをはさんでみるといい。

この時注意したいのは、歩くといっても、ただダラダラと散歩のように歩かないこと。速歩きのイメージでテンポよく歩くように心がけよう。

普通にゆっくり歩くとだいたい時速4㎞になる。すなわち、1㎞で15分かかる。1㎞6～7分で走っていたランナーが、ここまでスピードを落としてしまうと、かなり〝遅い〟と感じるはずだ。

さほどダメージが大きくないうちの速歩きであれば、1㎞10分かからないペースで歩くことも可能だ。競歩のようなイメージで歩けば、1㎞8分程度でも歩くことができる。

つまり、走りを歩きに変えても、思ったほどのタイムロスはない。20～30分程度歩いても、その間に2、3㎞は進むことになる。

ダイエットを目的にランニングを始めたような初心者ランナーのなかには、なかなかスピードを上げて走ることができず、1㎞9～10分のタイムで走っている人もいる。その程度なら歩きでも十分についていける。

こうして、1㎞に1回、20～30m程度歩きを入れて、リズムを変えると、身体の疲労感はだいぶ楽になってくる。

「今日は絶対に歩かないぞ」

そう誓ってマラソンのスタートラインに立つランナーも多いだろう。

しかし、このこだわりが結果的に悲劇を生んでしまう場合もある。

35㎞までなんとか粘って走り続けたものの、耐えられないほど痛みがひどくなり、結局歩いてしまった……などという場合には、最後はもはや歩く気力すら残っておらず、後7㎞を切ったところでリタイアせざるを得なくなるケースだってある。

ランナーには、「歩く」＝「悪いこと」というイメージをもっている人が多い。しかし、このイメージを取り払ってしまおう。

走りの合間に、時折ちょっとした歩きをはさむことで、また、マラソンを楽しめるようになるはずだ。なにより、自分自身がつらい状況に陥った時、それを乗り越えるための〝テクニック〟としての「ウォーキング」と位置づけることが重要である。

積極的に、そして効果的にウォーキングを活用することで、マラソンでの終盤の苦しい状況を打破することが可能になる。

マラソンレース必勝法 32

レース30㎞②

初心者 中級者 上級者

苦しみの波を乗りこなせ

マラソンの究極の楽しみ方

30㎞もすぎ、残り12㎞あまり。

ゴールするイメージもそろそろ湧いてくるころではあるが、同時に、このくらいの距離からは、マラソン特有のつらさが伴うのも事実。ランナーにとって、完走という大目標を達成するための「産みの苦しみ」を迎えることになる。

これは、脚の痛みなどに代表される「痛い」だけのつらさではない。痛みと苦しみが混ざったようなつらさ、自分の身体ではないような不思議な状態である。

しかし、こうした苦しみには必ず波がある。一度ピークがきても、またそれが一旦落ち着いて、そしてまたピークがきて……といった具合に、苦しくなるのと少し楽になるタイミングにはムラがある。苦しみが一方的にエスカレートし続けるのではない。したがって、今感じている苦しみが楽になる時がくると信じて、うまくゴールまでつきあっていくしかないのだ。

事実、給水ポイントで水を飲んだり、首筋や脚に少し水をかけたりするだけで、苦しみがスッと和らぐこともある。

不思議なもので、ゴールすると同時に、こうした苦しみが一瞬消えてしまうこともある。脚の痛みなどは当然疲労として残っているのだが、走っている間に感じていた得もいわれぬ苦しみが、ゴールと同時に消えるのは、長時間走っていることのストレスや距離そのものによって、脳が苦しみを感じているのかもしれない。

いくらマラソンがつらさを伴うスポーツとはいえ、人間が「死」を意識するには、まだまだ人間の限界点は先にあるので心配することはない。とはいえ、普段なかなか味わうことのないところまで肉体を追い込むことによって、一種の防御反応が働くのだろう。

「これ以上追いこんではいけない！」

そうした身体が発する自己防衛のサインが、苦しい感覚となって脳に指令を送っているように思う。

実際、ゴールが近づいてくれば、自然とペースを上げてラストスパートできる時もある。つまり、30㎞をすぎたくらいでは、限界はまだまだ訪れていないはずなのに、身体がいうことをきかなくなって苦しくなるのは、こうしたコントロールが身体のなかに起きているからにほかならない。

β—エンドルフィンや、アドレナリンなどが分泌されてランナーズハイになるのも、内分泌ホルモンの影響である。マラソンを走っている間、身体のなかは、ホルモンによってプラス方向にもマイナス方向にも揺れ、それが苦しみや気持ちよさの波となって表れるのかもしれない。

多くのスポーツは、自分の心と身体の両方をコントロールしながら行うものだが、マラソンのような肉体の極限に近づくスポーツの場合、終盤になると身体のコントロールがきかなくなる。できる限りコントロールすることが大切なのだが、制御がきかなくなったら、その苦しみの波に乗るように心がけてみよう。

レース前半は、他人に影響されたり、調子に乗ってスピードをだしすぎたりしてもいけないし、中盤で気持ちよくなったからといってペースを上げるのも禁物。そして、レース終盤、身体のコントロールがきかなくなった途端、あきらめてもいけない。

マラソンには、いろいろな試練がある。

常に自分自身の身体と対話しながら、我慢に我慢を重ねて走った先に、いい結果が待っている。それを信じてうまくレースの流れに乗ることが重要だし、これこそがマラソンの究極の楽しみ方でもある。

マラソンランナーは謙虚でなければいけない。自信をもつのはいいことだが、過信は絶対に禁物だ。どんなアスリートでも、それこそ、オリンピックで金メダルをとったランナーでも、しっかりと練習が積めていなければ、時にはリタイアも余儀なくされる。万全の練習が積めていたとしても、ほんのちょっとペースが速すぎただけで、レース終盤、大きく失速することもある。

男性や女性、社長や主婦など、年齢、性別、地位、名誉、走歴や走力に関係なく、どんな人も謙虚に取り組むべきスポーツがマラソンである。自分という人間と向き合い、身体の声に常に耳を傾け、調子やペースを確認しながら、一歩一歩ゴールへと近づいていかなくてはならない。それがマラソンの難しさであり、醍醐味でもある。

☑ 苦しみの波を乗りこなせ

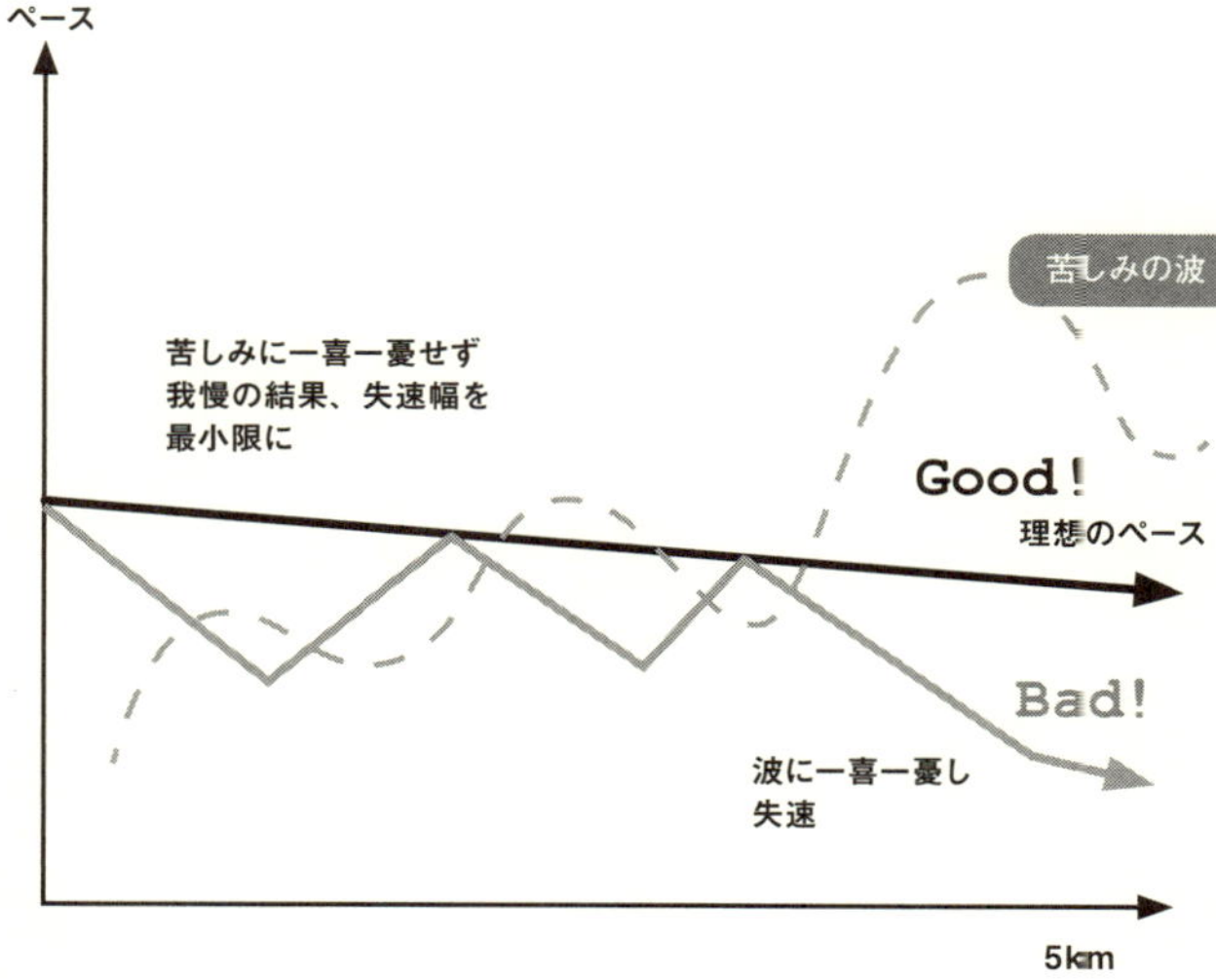
ペース
苦しみの波
苦しみに一喜一憂せず
我慢の結果、失速幅を
最小限に
Good!
理想のペース
Bad!
波に一喜一憂し
失速
5km

マラソンに苦しみはつきもの。ただし、苦しみには波がある。この波に左右されて走るペースを上げ下げしてしまうとダメージはますます大きくなる。苦しみの波をしのぐために我慢して、ペースダウンを最小限に抑えよう

マラソンレース必勝法

33

レース30㎞③

初心者　中級者　上級者

痛みを和らげる魔法の水

ピンチに対処するための給水術

給水の目的は、「飲む」ためだけでなく、「かける」ためでもあることは、すでに述べたとおりである。給水ポイントでとったコップの水を飲み、身体にかけることで、暑さによる脱水症状やオーバーヒートを防ぐことができる。

30㎞地点をすぎるといよいよ、多くのランナーの悩みは、本格化してきた脚の痛みに変わる。同時に、水の使い方も、暑さ対策として身体にかけるだけではなく、脚の痛みを緩和させるための役割へと変化する。

実は、筋肉や関節の痛みなどは、冷やすことである程度緩和される。

太ももやふくらはぎなどの筋肉痛は、普段のトレーニング以上に筋肉が使われ、オーバーヒートを起こし、筋肉のなかに熱がこもった状態によって引き起こされる。

こうした部位の筋温を下げてやることによって、一時的に楽になるのだ。

また、足首、ヒザ、腰などに起きやすい関節痛は、痛みがでた時には、すでに相当伸縮が悪くなっていて、炎症を起こしているケースが多い。炎症を起こしている筋肉や腱などの状態も、冷やすことによって改善される。

痛みが生じた場合は、発熱した時に氷などで頭を冷やすのと同様、給水の水をかけて患部を冷やすといい。できるだけ、患部に直接水が当たるようにすると効果的だ。

腰が痛ければ腰にかけるのがいいし、股関節が痛ければ、ランニングパンツを少しめくって、痛みを感じる部位の皮膚に当たるように直接水をかけるといいだろう。靴のなかも、たとえばくるぶしが傷むようであれば、その部分に靴の上からでもいいので水をかけてみよう。痛みを感じる部位にとにかくできる限り水をかけるだけで、完全には痛みがひかないにしても、温度が下がることによってかなり緩和されるだろう。

このような痛みがでてしまうと、いくら水をかけてもレース中に完治することはないが、給水のたびに水で冷やしながらレースを続行することで、痛みとうまくつきあいながら走り続けることができる。

頭や首、脚などの部位だけではなく、痛みを感じる部位にはどこでも直接水をかけてみると驚くほどの効果があるはずだ。

ちなみに、頭や首の後ろに水をかけると、体温のコントロールをつかさどる脳幹が冷やされて、リフレッシュした状態になる。気温が高くなくても、首に直射日光が当たるだけで、熱中症などを引き起こす危険もあるので、特に注意が必要だ。首にタオルをまいて走ったりするのも、首を守ることが体温のコントロールに大きな影響をもつからだ。

北海道マラソンなどのような夏場のレースだと、給水ポイントで氷水に浸したスポンジなどが提供されるレースがある。このような場合は、ぜひ、このスポンジをとって、頭や首はもちろん、痛みを感じる部分にどんどん絞った水をかけていくようにしたい。

実は、レース中に痛みがでてしまった時にできることは、それだけ限られている。ほかに、冷却スプレーなどで冷やす方法も有効だが、走りながらは難しい。一度立ち止まって、冷却スプレーを当て、また走りだすことになり、リズムは必然的に崩れてしまう。

一方、水をかけることに関しては走りながらでも十分対処可能なように、ランナーにとって水は便利なアイテムだ。まさに〝魔法の水〟なのである。

熱中症対策
リフレッシュ効果
痛みの緩和

マラソンレース必勝法
34

レース35km①

初心者 中級者 上級者

集中を妨げるカウントダウン

残り距離は気にせず、走りを再確認すべし

レースもいよいよ終盤、35km地点。残りあと7kmあまりである。42kmのうち35km走ったとなると、ゴールはだいぶ近い。元気であればここからラストスパートといきたいところだが、7kmあまりという残りの距離を考えると、スパートをかけるには現実的にはまだまだ長い。浮き足立つ気持ちもわからなくはないが、ここまできても、心躍らせることなく、できる限り慎重かつ丁寧に走りたい。

距離表示の看板は、通常この辺まで徐々に数字が増えていくのみ。それが、37・195km地点にくると、「残り5km」という看板が現れる。こうした距離表示の影響もあって、この辺から、気持ちのなかで「あと○km」というカウントダウンモードになりやすい。人によっては、32km地点くらいから、「あと10kmだ！」とカウントダウンを始める人もいる。

35km地点くらいまでくると、身体はかなり〝しんどい〟状況である。

歩いているランナー、止まってストレッチをしているランナー……。走っている他のランナーたちの疲労度合やペースもさまざまで、余計に集中力は散漫になりがちだ。

「一刻も早くゴールしたい」

「この苦しみから今すぐにでも解放されたい」

ランナーの頭のなかはこうした考えでいっぱい。ゴールへと向かう気持ちがはやる。

もはや、タイムがどうこうの話ではなく、とにかく少しでも早くゴールに近づきたいという思いだけが頭のなかを占める。目の前にカーブがあれば、つい、インコースギリギリを走りたくなるように、心にまったく余裕のない状況を迎えているのである。

しかし、こうした状況だからこそ、余計冷静に、姿勢を直し、呼吸を整え、丁寧にフォームチェックをして、残りの距離をしっかりと走り切りたい。

身体は疲労困憊《こんぱい》を極めている上に、走りは崩れ、行動も雑……ではまさに三重苦。苦しみはますます大きくなり、残り7km が、10kmにも20kmにも相当するようなつらい距離に感じてしまう。

そこで、もう一度集中し直そう。もちろん、身体の痛みなどもあって、スタート直後と同様に走るのは、物理的に無理かもしれない。しかし、これまでやってきたことを、あらためてひとつひとつ丁寧に確認し、おさらいしながら、スタート直後と同じように細かく気を配りながら走ることが大事だ。

カウントダウンを始めると、1kmがそれまで以上に長く感じてしまうはず。それは、「早く次の1kmの標識がこないだろうか」ということばかりに、気をとられてしまうからだ。時計やGPSの距離表示なども、できるだけ気にしないようにしたい。それよりも、自分なりの課題をもって、できる限り丁寧な走りに努めることを意識しよう。

35kmは、エリートランナーでも、ペースが落ち気味になりがちな距離。ここから極端にスピードが落ちなければ、目標到達が見えてくる距離でもある。

30kmから35kmにかけてはペースアップできても、35kmから40kmにかけてペースを上げることは、ベテランランナーでも非常に難しい。ここでいかに踏ん張れるかが、レースでいい結果を残すための最大の分岐点。集中力をきらさず、ゴールを目指したい。

集中
集中!!
35KM

マラソンレース必勝法
35

笑って走れば つらさ忘れる

レース35km②

初心者 中級者 上級者

土壇場の切り札は「心」にあり

「35kmからが本当の勝負」

マラソンの世界では、よく聞く言葉である。42kmという長い距離で争うマラソンだが、レースで成功を収めるか失敗に終わるかのカギは、レース終盤の走り方が影響するといっても過言ではない。

とはいえ、レース終盤はどうしようもなく疲労が蓄積しているので、どうしてもペースは落ちる。歯を食いしばって、ラストスパートをかけることができれば、なんとかペースの落ち幅を小さくできる。しかし、もしここで踏ん張る余力がなければ、果てしなくペースが落ちてしまうおそれもある。

逆に、ここでペースを落とさずに走ることができるようなら、周りは疲労してペースを落としているランナーが多いので、まさに〝ごぼう抜き〟の状態。心理的には、かなり気持ちよく走ることができるはずだ。

究極の苦しい状態における心のよりどころは、「ゴールする」という強い思いだ。

「最後までこのペースで走れるだろうか。ペースを少し落とした方がいいのではないか」

「この痛みを抱えて、ゴールまでたどりつけるだろうか」

身体の疲労は、すでにピークである。肉体の疲労が心をナーバスにし、さらにはその影響で気持ちもネガティブになる。頭のなかで、どんどん悪い方へと考えが及び、姿勢も悪くなり、走るフォームも小さくなる。こうして悪循環にはまってしまうことで、結果的に、パフォーマンスはさらに落ち込んでしまう。

「なぜこんなに苦しいことをやっているのだろうか……」

「お金を払ってまで、これほど長い距離を走る必要があったのだろうか……」

こんな風に思ってしまったら、走りが上向きになることはもうないだろう。

最後の最後、ランナーを救うのは、自分で自分を励ますポジティブな言葉である。

「大丈夫！　必ず最後まで行ける、頑張ろう‼」

こんな心の底から湧きでる声が、レース終盤の疲弊したランナーを栄光のゴールへ導く。

私もゲストとしてスペシャルコーチを務めている「いびがわマラソン」（岐阜県）では、レース後半の距離表示看板に、メッセージが添えられている。

「苦しいでしょ？　でもそれは気のせい」

「上り坂、きつく感じますか？　それも気のせいですよ」

といった具合である。いつも思わず笑ってしまうのだが、笑えるくらい余裕をもった状態で走ることができれば大丈夫。リラックスした気分で走れば、上半身の余裕ができ、動き全体がよくなるのだ。

笑いながらネガティブなことを考えることは意外と難しいから、笑顔でいれば必然的にポジティブな気持ちになれる。

「30㎞すぎて我慢していたら、2回楽になるポイントがあるよ」

有森裕子選手や高橋尚子選手を育てた小出義雄監督が、選手に対してよくアドバイスしていたセリフだ。これは小出監督が用いる超一流のマインドコントロール術。いわゆる「すりこみ」である。確かに、すべての選手が本当に楽になるかはわからない。

☑ ポジティブに考えるべし

レース終盤は ネガティブな発想になりやすい	ポジティブな発想に替えて 乗り越えよう！
もう疲れて、脚が出ない…	疲労にも波がある。 もうひと頑張りだ！
歩いてしまおうかな…	次の距離表示の看板まで、 このペースをキープしよう
なんでこんなつらいことを しているんだろう？	自分で出ると決めたレース。 最後まで、チャレンジしてみよう！
目標タイムには届かなそうだな	あれだけの練習をしたのだから、 気持ちを切らしてはもったいない。 できる限りのベストを尽くそう！
もうリタイヤしようかな	少し歩きながら、 もう一度息を整えて、 最後まで頑張ってみよう！

フルマラソンで最後に頼りになるのは、やはり精神力！
ネガティブになりがちな心を奮い立たせ、ポジティブシンキングで乗り切ろう！

しかし、レースで一番つらい時に、

「監督が必ず楽になるって言っていたから、もう少しだけ粘ってみよう」

そう思わせればしめたもの。つらい時こそ、ポジティブな言葉がランナーを勇気づけ、疲れた背中を押してくれる。

マラソンの苦しさを乗り越えるカギは、まさに心のもちよう。ランナーには、開き直りも大切なのだ。

マラソン大会に参加する多くの市民ランナーは、他人に命令されて走ることを選んだわけではないはずだ。自ら走ることを選択し、自らスタートラインに立った人たちである。そんなランナーたちにとっての最大のポジティブシンキングは、レース後の達成感を想像すること。

せっかくスタートラインに立ったレースで、リタイアは絶対にしたくないものである。お金をかけて遠く離れた土地でのレースに参加するというのも、リタイアしたくない気持ちを強くするため、心をいっそうポジティブに保ちやすい。

完走してレース後に笑顔で喜ぶ自らの姿を想像しながら、「苦しいのは気のせいだ」と自分自身にいい聞かせ、つらい時こそぜひとも「笑顔」で走りたいものである。

マラソンレース必勝法 36

レース35㎞③

初心者 中級者 上級者

テクニックを総動員せよ

苦しい時こそ、さまざまな技術を使いこなせ

この35㎞地点から40㎞地点にかけて、ランナーの苦しみは最高潮に達する。自分がもつ技術と知識をすべて使いこなして、ゴールまで走りきろう。

レースに関してよく質問を受けるのが、「坂の走り方」である。なかでも、特に上り坂を苦手とするランナーが多い。

上り坂にさしかかったら、まず腕を下げ気味にして、少しヒジを伸ばすようにしよう。腕ふりの角度は車のギアと似ている。ヒジを伸ばすことで、回転数は少なくなるが、より大きなパワー（トルク）を下半身に伝えることができる。すなわち、車でいえばギアをローに入れた状態になる。ちなみに、逆にヒジを曲げて角度を小さくすると、パワーは小さいが回転数は速くなる。

さらに、脚力を最大限に生かすよう、足が坂に接地する時にしっかりとした着地を意識しよう。これだけで随分楽に上り坂を走れるようになるはずだ。

ただし、急坂すぎるコースでは、使う力の割に進むスピードが上がらない。こういう時は走らずに、あえて速歩きで進むのもいい。スピードは大して変わらないまま、体力や脚力をだいぶ温存できるはずである。

一方下り坂の場合は、のけぞって後傾にならないよう注意が必要だ。坂の傾斜に対してできるだけ身体を垂直に保つように、やや前傾姿勢をとり、意識的に歩幅をせばめて走ろう。小さなストライドをイメージしても、実際には、坂を落下する運動によって自然と歩幅は広くなりがちだ。

下り坂でもうひとつ注意したいのが、ブレーキをかけた走りにならないこと。スピードを落とそうと意識しすぎると、太モモの前側にストレスがかかることになる。レース後半を迎えると、こうした疲労の蓄積が大きなダメージとなるので要注意だ。

フォームでよく指摘される注意点が、「腰が落ちる」というもの。腰が落ちるというイメージがよく理解できないランナーも少なくないはずだ。

ポイントは体幹を使って走ること。走っている時に、操り人形のように、頭のてっぺんから糸でつられている感覚がもてるといい。腹筋と背筋がバランスよく力が入っている状態が理想である。この部分に力がうまく入らず、上半身が猫背になっていると腰が落ちやすい。上体の姿勢を正すのがカギ。上半身、特に肩はリラックスしながら、お腹に力を入れるようにすると、腰が落ちないフォームで走れるはずだ。

マラソンでは自然との闘いもある。経験と想像をいかし、あらかじめ準備をすることが重要だ。

暑さについてはすでに述べたように、できるだけ給水でしのぎたい。こまめに「飲む」水分補給と、「かける」冷却効果で乗り切ろう。

寒さには、ウエアで対処しよう。スタート前に寒くても、走りだしてしばらくすると暑くなる。大きなビニール袋をかぶったり、アームウォーマーをはめたりと、途中で脱ぐことができるようなものを身に着けてスタートするのも工夫のひとつ。肌が露出している部分に薬用オリーブオイルを塗るのも、寒さ対策として効果的だ。

雨については、さほど心配はいらない。脱水症状を起こす心配が軽減するので、少々の雨は逆にありがたいくらいだ。ただしそれでも、雨だからと油断せず、水はこまめにとって身体内部の水分を欠かさないように注意したい。

問題となるのは風だ。特に向かい風が強いと体力の消耗は激しくなる。腹筋を意識して、前傾を深くして走るのがベストだが、できるだけ前を走るランナーの後ろについて風よけにしながら、無理せずペースを守って進むのもテクニックのひとつだ。

また、追い風になった時にも危険が潜んでいる。自分が進むスピードと同じくらいの追い風の場合、相対的に無風状態になる。まるでトレッドミルの上を走るような状態になり、身体に熱がこもり非常に暑く感じるはずだ。多めに水分をとり、身体にもかけるなどしながら、オーバーヒートしないように気をつけよう。

マメやけいれんなどのトラブルもマラソンにはつきものだ。

マメは路面の固さや、走り方のバランスが崩れた場合や、慣れていないシューズなどが原因で生じる低温やけどの一種。水をかけることで多少緩和はするが、それも一過性にすぎない。

けいれんは、筋疲労の蓄積や、ナトリウム不足が主な原因であるケースが多い。

これらは一度症状が発症してしまうと、レース中に治すことはなかなか難しい。なにより重要なのは「予防」である。

マメがよくできるランナーは、あらかじめワセリンなどを塗ったり、カットバンを貼ったりしておくのもひとつの手段。けいれんしやすいランナーであれば、早めに塩分補給をしたり、バナナをこまめに食べたりしておくのもいいだろう。

なによりトラブルが起きないようにあらかじめ気をつけることが必要だ。

市民ランナーにとっては「完走」が最大の目標である。リタイアだけはぜひ避けたい。

制限時間の関門で引っかかり、レース中断を余儀なくされるのはリタイアと呼ばない。制限時間が緩い大会であれば、とにかく我慢して歩けばゴールすることも可能なはず。逆に制限時間が厳しい大会であれば、足きりにあったランナーを乗せるバスが用意され、ゴールまで、すぐに送り届けてもらうことができる。

問題は、本当の「リタイア」の場合だ。すなわち自らが「レースを中止する」という苦渋の選択をすることである。

脱水症状や内臓疾患など、身体の内部にどうにもならない問題が生じた場合には、命に関わることもあるので無理しない方が賢明だ。

また、歩行困難な状況の痛みなどが起こり、もう一歩も動けないという状態であれば、リタイアを検討すべきだろう。特に、次のレースが決まっている場合など、ここで無理をすべきではないという時には、無理してまでゴールする必要はないのかもしれない。

長くマラソンを楽しむためには、取り返しのつかないような大病や故障は避けなければならない。身体の変調や故障の度合いなど、自分自身の身体とよく対話をして最終的な判断を下そう。

一方でリタイアは、ランナー自らが選択する究極の敗北といっても過言ではない。悔しい思いや後悔の念が絶えないはずだ。また、一度リタイアするとその後も癖になりやすい。

完走こそが市民ランナーの最大の勝利である。そのことを忘れず、リタイアは最終手段として自分自身で決断したいものである。

マラソンレース必勝法
37

レース40㎞①

初心者 中級者 上級者

2・195㎞の罠

40㎞をすぎてからが意外と侮れない

さあ、長きにわたったレースも40㎞地点。もうゴールは目前だ。

しかし、残りの2・195㎞を侮ってはいけない。この2㎞あまりの距離は、1㎞7分で走るランナーだと、あと15分以上走る距離である。ペースが落ちて、1㎞8、9分かかるようなゆっくりしたペースで走っているランナーであれば20分以上かかるし、完全に歩いてしまっていれば、まだ30分以上あることになる。

しかも、「もうすぐ終わりだ」と思ってからの時間だから、相当長く感じるはずだ。40㎞をすぎてからのことを甘くみると痛い目にあう。

特に注意すべきは、目標タイムギリギリで走っているランナーだ。計算しやすいため40km を目安として、自分のラップタイムと残りの距離から、走破すべきペースを算出したり、ゴールタイムを予測しながら走ってしまう人がいる。

あと2・195kmには、速いランナーでも10分近い時間がかかる。さらに、40kmまで目標とするペースで走っていたとしても、2km余りという距離の長さで心が折れ、ガクンとペースダウンすることもあるため、最後まで気を抜かないこと。

さらにいえば、最後の「0・195km」も曲者《くせもの》なのである。

195mという距離も思った以上に長い。1km5分のペースで走ったとして、200mに1分かかるわけだ。先ほどのペース計算の話と同様、サブ3やサブ4を目指して走っていたランナーが、42kmちょうどで計算していたがゆえに、目標に数十秒届かないという悲しい結末が待っていることもある。

42km以上の距離を走った末、目標タイムにわずか数秒や数十秒間に合わないという結果は、悔やんでも悔やみきれない。短い距離のレースであれば、「また明日チャレンジしよう」とか「次はリベンジ」と思えるかもしれないが、フルマラソンの再挑戦は、明日またすぐ、というわけにはいかない。トレーニングや食事を含めた体調管理などにも時間をかけて調

☑ 2.195km、どのくらいかかる？

目標タイム別2.195km一覧表

目標タイム	2.195km	0.195km
2:30:00	0:07:48	0:00:42
2:40:00	0:08:18	0:00:44
2:50:00	0:08:49	0:00:47
3:00:00	0:09:20	0:00:50
3:10:00	0:09:53	0:00:53
3:20:00	0:10:23	0:00:55
3:30:00	0:10:54	0:00:58
3:40:00	0:11:25	0:01:01
3:50:00	0:11:58	0:01:04
4:00:00	0:12:26	0:01:06
4:10:00	0:12:59	0:01:09
4:20:00	0:13:30	0:01:12
4:30:00	0:14:01	0:01:15
4:40:00	0:14:34	0:01:18
4:50:00	0:15:04	0:01:20
5:00:00	0:15:35	0:01:23
5:10:00	0:16:06	0:01:26
5:20:00	0:16:39	0:01:29
5:30:00	0:17:09	0:01:31
5:40:00	0:17:40	0:01:34
5:50:00	0:18:11	0:01:37
6:00:00	0:18:42	0:01:40
6:10:00	0:19:15	0:01:43
6:20:00	0:19:45	0:01:45
6:30:00	0:20:16	0:01:48
6:40:00	0:20:47	0:01:51
6:50:00	0:21:20	0:01:54
7:00:00	0:21:50	0:01:56

整した上でのレースなので、もう一度挑戦するためには、それ相応の準備期間が必要になる。このような悔いを残さず走るためにも、「2・195㎞」を見くびらないようにしたい。

最後の最後で、「もうちょっとだ」と張りきりすぎて、脚がけいれんしてしまう人もいる。実際、ゴールとなる競技場に戻ってきて、最後の直線残り70mというところで脚がけいれんして倒れてしまったランナーを、私も見たことがある。そこからなんとか這ってゴールしたものの、最後の70mに3分以上かかっていた。

ゴール直前は、ランナーの筋肉疲労も極限状態になっている。乳酸が溜まり、ナトリウムは不足し、いつトラブルが起きてもおかしくない状況だ。特に初心者の場合、ゴール前の大声援による興奮と感動で、自分が耐えうる限界以上の力を振り絞ってしまい、結果的に、ゴール前で脚がけいれんしてしまう可能性もある。

大歓声があがる晴れ舞台でジタバタするのはみっともない。実際「みっともない」などと思いながら声援を送っている人はいないだろうが、実際、恥ずかしい思いをするのは、そのランナー本人である。最後のラインまでがレースだと考え、しっかり走ってゴールしたいものだ。

マラソンレース必勝法

38

最後は他人を気にするな

レース40㎞②

初心者 中級者 上級者

抜かれても順位はたいして変わらない

マラソンを走る時に、順位を気にする必要はない……といってしまうと、実際にはいいすぎかもしれない。優勝を争うランナーや、入賞を狙う選手はまた別だからだ。

周りのライバルたちの息づかいや疲労状況なども窺《うかが》いながら、スパートするタイミングを探ったり、また、ライバルのランナーが先に仕掛けた時には、すぐさまそれに対応し、後ろについていくことができるようにリラックスしながら走ることが大切だ。

しかし、ほとんどの市民ランナーにとっては、周りを走っているランナーとの順位の上下が大きな意味をもつことはほとんどない。3600位だろうが、3610位だろうが、

3620位だろうが、そこには大きな違いはない。

だからこそ、さわやかなゴールを目指すことをぜひ意識しよう。

苦しい時は、他人のフォームをチェックしたり、ある程度同じペースで走っているランナーについていくことで自分のリズムをつくったり、風の強い日などは、背の高いランナーを風よけに使ったり……といった具合に、レース中に、他のランナーの動きを利用することで、自分の走りにつなげる人も多いはずだ。

このように、時にはうまく利用してきた他のランナーたちは、自分の走りを刺激するライバルであると同時に、走りや心を支えてくれた大切な仲間でもある。ゴールを目指し、この42㎞という長い旅をともにすごしてきた同志である。最後は互いの健闘を称え合いながら、ゴールするのが美しい姿だと思う。

目の前の順位を上げるために今さらつば競り合いをするのではなく、おおらかな気持ちでゴールまでの距離を楽しみたい。それが「大人のたしなみ」というものだ。

また、ゴールすると倒れ込んで動けなくなってしまう人がいる。そこまで追い込みすぎて、一気に止まってしまうのはあまり身体にいいことではない。ゴールと同時に止まってしまうのではなく、クールダウンするために歩くくらいの余裕は残しておきたい。

マラソンレース必勝法 39

レース40㎞③

初心者 中級者 上級者

フィニッシュポーズを熱く決めろ！

ラストスパート、そして栄光のゴールへ

42・195㎞、いよいよフィニッシュを迎える時がきた。

せっかくのゴールラインは、しっかりポーズを決めて越えるようにしよう。というのも、昨今のレースでは、すべてのランナーのゴールを写真に収めていることが多い。ゴールシーンの写真はいつまでも記念に残る。だからこそ笑顔でゴールしたい。

多くのランナーがゴールした瞬間に垣間見せる満足感にあふれた表情は、女性が出産を終えた時の表情に似た、まばゆい美しさだと思う。ひとつの大きな仕事を終え、すべての〝つきもの〟がとれたような、内面から湧きでる充実感が漂っているのだ。

マラソンのような長い距離になると、男性よりも健脚を示す女性ランナーも多い。このように、マラソンに強い女性ランナーが多いのも、ひょっとすると、女性には「出産」という男性にはない〝強み〟があるからかもしれない。

ゴールゲートをくぐり、チップがマットに反応した瞬間が、いわゆるゴール。レースに際し、自分なりの目標を設定し、それに向かって努力し、最高の結果を得るべく準備してきたはずである。

こうして臨んだレースで、実際に「完走」というひとつの結果を残した自分自身に対して、その努力と健闘を称えながらゴールすることは、大切な儀式といってもいいかもしれない。また、沿道やゴールで応援してくれた人々への感謝の気持ちも含めて、このマラソンレースに関するすべてのできごとや想いが凝縮された瞬間こそが、このゴールシーンなのである。だからこそ、このゴールの瞬間には、最高の達成感と満足感、歓喜と感動を味わうことができるのだ。

フィニッシュシーンは、マラソンの総決算。まさに最高の一瞬である。この一瞬のために、はるか42・195㎞離れたスタート地点から、苦労して走ってきたのだ。

レースは、実際つらかったかもしれない。痛みを伴い、苦痛にゆがんだ表情で走ってい

フィニッシュシーンは最高の一瞬。写真は2009年11月22日に行われた「第29回つくばマラソン」にて。3年前の大腸がんの手術を乗り越え、術後初のサブ3(2時間56分10秒) を達成した著者のゴールシーン

Photo:Kenichi NAKAJIMA

たかもしれない。しかし、そうして苦しみながらゴールまで頑張ってくることができた。苦労しながらも工夫を凝らし、技術と精神力を結集して乗り越え、走り続けてきた自分へのご褒美の瞬間でもある。醜い表情で写った写真を記念に残したくないだろう。ゴールタイムを気にするあまり、時計を押しながらゴールすることは、できれば避けたい。ぜひ記念や記憶に残すべく、最高の笑顔でゴールを迎えよう。最後は笑顔やガッツポーズでゴールしてほしい。

サブ3の目標を立て、見事2時間台で帰ってきたランナーは、自然と笑顔になり、ガッツポーズがでるはずだ。

初フルマラソンの彼女につき添って走った男性であれば、感慨もひとしおのはず。一緒に走ったかけがえのない恋人同士、ともに手をつないでゴールするのもいいだろう。

苦しみから解放され、喜びを得る瞬間。その感動は、ゴールした時にしか味わえない。だからこそ、この一瞬を大切にしてほしい。

フルマラソンに参加するランナーのレースへの想いが、すべて詰まった最高の一瞬を飾るのは、最高の笑顔がふさわしい。そのためにも、最後の最後まで、ポーズを決めるほんの少しの余力くらいは残しておきたい。

マラソンレース必勝法 40

ゴール後①

初心者 中級者 上級者

なにはともあれアイシング

まずは、身体中の炎症を冷やすこと

歓喜のゴールを果たした後は、しばらく完走の余韻《よいん》にひたっていたいかもしれない。しかし、その歓喜にいつまでもひたってはいられない。まずは、長時間にわたり走り続け、炎症を起こした身体をいたわってほしい。

ゴールしたらできる限り速やかに、腰から下をすべて冷やし、炎症をおさえる。人によっては、身体の疲労を減らすために、ストレッチをして、筋肉や腱を伸ばしているケースも多いが、ストレッチは後回しでもいい。まずは、アイシングすることが先決だ。

しかし、アイシングしようと思っても、これも実はなかなか簡単ではない。

暑い時期であれば、水道や噴水の水を使って、腰から下の脚の部分にたっぷりかけるのもいい。しかし、国内大会の多くの場合は、冬場がマラソンのメインである。外でうかつに水を浴びていると、風邪をひきかねない。

オススメなのは、ゴール後、シャワーを浴びに行く時に、水シャワーを浴びること。水とはいっても、氷水のような冷水でなくてもかまわない。体温より低い温度の水であればOK。したがって、海やプールの水でも、アイシングの役割を十分果たすことができる。

フルマラソン後は脚全体にダメージがあるはず。ちょっと寒さを感じるかもしれないが、痛い箇所に重点を置きつつ、下半身全体にしっかりと水をかけて冷やして、まずは、筋肉と関節の炎症を抑えるように心がけることが大切だ。

たとえば、海に近い場所のマラソン大会で、ゴールがビーチに近い時には、ゴール後そのまま海に入ってしまって、下半身を海水でクールダウンするのも気持ちいい。あるいは宿泊先のホテルにプールがついているような場合は、ゴール後そのままプールへと向かい、泳いだり、プールのなかでウォーキングしたりするのもいいだろう。

ホノルルマラソンは、ゴールがワイキキビーチのすぐそば。ゴールしたら、真っ先にビーチへ向かい、裸足になって海で下半身をクールダウンするといいだろう。

砂浜を裸足で歩くと、足裏のさまざまなツボが刺激される。さらに、海水で足腰を冷やすことによって、42㎞の距離を走り続けたことで蓄積した疲労と、オーバーヒートしている筋肉や関節などの炎症をおさえることができる。ホノルルマラソンを走ったランナーはぜひ試してほしい。

レース後、多くの人が実行しているよくない行動パターンは、このようにアイシングをすることもなく、そのまま居酒屋などで慰労会と称してお酒を飲むこと。これが実は、レース後のメンテナンスとして最悪である。炎症を放ったらかしにして、筋肉と関節を冷やさないままお酒を飲むと、血液の循環がよくなり、炎症はさらに悪化する。多くのランナーが体験することだとは思うが、これだけは避けてほしい。

銭湯で身体を温めることも決して悪いことではない。ただし、汗を流した後でいいので、必ず水をたっぷりかけて足腰を冷やすことも忘れずに。これだけで炎症は随分おさまり、ダメージがそれ以上進むのを防ぐ。さらにその後の回復スピードも違ってくる。

ちょっとした心配りで、レース翌日以降のダメージが大幅に緩和されるはずだ。

マラソンレース必勝法 41

ゴール後②

初心者 中級者 上級者

オススメメニューで超回復！

弱った胃腸をいたわり、破壊された筋肉を回復せよ

レース直後は、消化のいいものを口にするように意識しよう。42㎞を走ると、内臓にも大きなダメージをもたらす。内臓の機能にさらなる負荷をかけないよう、暴飲暴食には気をつけつつ、できるだけ消化のいいものをお腹に入れたい。

長い距離を走ることで、下半身を中心に、身体中の筋肉が破壊され、筋繊維は傷ついている。レース直後から3日後くらいまでは、筋肉痛なども残るはずだ。それだけ、筋肉に大きなダメージがあることの証明でもある。

ダメージの回復には、良質のタンパク質をとるのが有効だ。レース当日でなくてもいいので、レース後1週間くらいは継続的かつ意識的にタンパク質をとるようにしよう。

鶏肉は脂肪分が少なく、たくさん食べられる。豚肉もビタミンBが多く含まれていて、疲労回復には有効だ。レース後に「肉を食べたい」と感じるランナーも多いと思うが、これは身体が自然にタンパク質を欲するためである。

レース後の打ち上げとして焼き肉に行くケースは多いが、野菜も一緒に食べることも考えると、回復メニューとして最適だといえるだろう。

また塩分をとるのも忘れないこと。

レース中にそう感じるランナーもいるだろうが、レースを終えると特に、味が濃いものがほしくなる。大量の汗をかき、身体からナトリウムが減ってしまっていることで、自然に起こる現象である。

人間は、極限状態までいくと、身体が自然と必要なものを要求する。これは生理的な現象であり、ある意味、動物としての野生本能が呼び覚まされることなのだ。

先日、移動の飛行機のなかで観たドキュメンタリーが非常に興味深かった。それは、ある洞窟で、3週間にわたって遭難した探検家の、身体の変化の様子を分析したものだ。

はじめはグリコーゲンが使用され、それが尽きると、今度は脂肪を燃焼する。さらにそ

の後は、タンパク質すなわち筋肉を破壊しながらすごしていく。そしてそれを超えると、エネルギーを一切使わないよう代謝が少なくなり、身体が冬眠状態に陥るというのだ。それだけ、人間の身体というのはうまくできていて、自分の身を守るために、必要なものを自然に使い、またとり入れたいと感じるものなのである。

これは、フルマラソンというスポーツが、自分自身の身体をそれだけ極限まで追い込むスポーツだということの裏づけでもある。

また、ゴール後の解放感からお酒を浴びるように飲みたいと思うランナーも多いだろう。しかし、内臓にも当然大きな負担がかかっているので、お酒の飲みすぎは禁物。

つい最近、仕事の関係で、2週連続フルマラソンを走った。最初のレースが終わった直後、本来なら大好きなビールを思う存分飲みたいところだったが、翌週のことを考えてセーブしたところ、次の週の体調が思いがけずよかった。お酒を控えることで、肝臓をはじめとする内臓に対する負担を減らすことができたのだと思う。

レース前には炭水化物を中心にしたカーボローディングを行ったランナーも多いだろう。こうした偏食も身体のバランスに影響を及ぼす。レース後は、炭水化物を少し控え、バランスのいい食生活に戻すよう心がけよう。

マラソンレース必勝法

42

ゴール後③

初心者
中級者
上級者

筋肉痛
バランス崩せば後遺症

身体をかばうことで故障がひどくなる危険性

42kmを走れば、筋肉痛を伴うのは当たり前のことだと思っていい。それ以外に、どこか脚などを痛めた場合には、バランスを崩しかねないので特に注意が必要だ。

というのも、身体のある特定部位を傷めると、その痛みのある部分をかばい、他の部位に大きな負荷がかかり、結果的にそこも傷めてしまう場合がある。

はじめにちょっと痛くなった部分は、その痛みをかばうため、それ以上ひどくならない。しかし、最初に傷んだ部分をかばうために負荷がかかる部位は、結果的により大きな故障に発展してしまう場合がある。さらにひどくなれば、単なる痛みではなく、慢性的な故障にもつながりかねない。

よくあるのは、たとえばレース途中で右足首に痛みを感じたとすると、それをかばおうとするあまり、左の股関節が傷んでくることがある。大概、はじめに痛みを感じた患部と対角線上の部位に大きな負荷をかけてしまうのだ。右足首の痛みをきっかけに引き起こしてしまった左股関節の痛みが、どんどん大きくなり、結果的には故障となってしまう。最悪の場合、長い期間、走ることができなくなってしまうことになる。さらに、こうした故障がさらに大きなものになると、長年にわたって、自分のランニングライフに影響を及ぼす「後遺症」となってしまうことすらある。

とはいえ、骨折などのケガと違い、最初から病院に行かなくてはならないほどひどいケースはまれだ。原因は極度の疲労や炎症である場合がほとんど。なにより大切なことは、しっかりと身体を休め、食事に気を遣うなどして、自己治癒能力を促すことである。

ボルタレンなどの消炎鎮痛剤などを利用すると、患部の痛みが和らぐ場合が多いので、身体のバランスを戻すのに効果的だ。マッサージなども、硬くなってしまった筋肉をほぐすことができるので、バランスを戻すという観点からは、悪くないだろう。

ただし、走った直後のマッサージには気をつけたい。走った直後は、筋肉が炎症を起こしている。そのタイミングで、強いマッサージで刺激を与えると、炎症がひどくなりかねない。筋肉を軽くさする程度のマッサージであればいいが、強く施術するディープなマッサージは避けた方が無難だろう。

レース直後は、まずは炎症を起こしている部分を集中的に冷やすことが望ましい。

長い距離を走れば、どんなにトレーニングを積んでいても、ある程度の痛みが生じるもの。オリンピックに出場するトップランナーや、箱根駅伝に出場するレベルの選手でも、大抵、どこかに痛みは抱えているのが普通である。

痛みを感じたからといって焦ることはない。まずは痛みが引くまで休むことだ。そして、痛みが引いたら、歩くことから再開し、徐々に走ることに慣れていけばいい。

私は多くのランナーに、長く楽しいランニングライフを送ってほしいと願っている。ちょっとした無理が、あなたのランナー人生を悪い方向へ導いてしまうことは残念でならない。あわてずじっくり身体を治し、また次のレースに備えるようにしてもらいたい。

おわりに

レースの失敗は人生を豊かにする

マラソンは難しい。

ここまで、さまざまな注意を繰り返し述べてきたのは、マラソンが難しいスポーツだからである。ほとんどのランナーが、「大成功」と呼べるレースを経験したことがないといっては、いいすぎだろうか。

「わかってはいるんだけど、今回もオーバーペースになってしまった」

「歩くつもりはなかったのに、途中で歩いてしまった」

「完走できず、リタイアしてしまった」

多くのランナーが、さまざまな形で失敗を体験する。

マラソンは、ランナーそれぞれの目標達成を目指して、自分自身をマネジメントする高度なスポーツだ。ある人の目標は、「完走する」かもしれないし、またある人は「3時間をきる」という高い目標かもしれない。こうした目標を達成するために、本を読み、想像し、先輩ランナーのアドバイスを参考にし、試行錯誤してトレーニングする。しかしこうした準備を重ねる以上に、実際のレースに参加したほうが効果的だ。経験が力になる。思いどおりに走ることができず「失敗」することで、その本に書かれていた注意点や、先輩ランナーに言われたアドバイスに対する理解が深まるのだ。

成功への第一歩は「理解すること」である。

「自分という人間の性格がよく理解できた」

「私の身体の特徴に気づいた」

「あの人のアドバイスの意味がはじめてわかった」

さまざまな気づきと理解は、経験することではじめて得られるのである。

次にチャレンジする際には、こうして得た経験と気づきによって、トレーニングの軸ができている。失敗は強烈に自分の心に残り、モチベーションはさらに高まる。自然に、一段階上のステージへと自分を昇華《しょうか》させることになる。

「自分を客観的に見つめ直す」ことは、新たな気づきを得て、その弱点を克服したり、長所を伸ばしたりすることにつながる。マラソンは42・195㎞を孤独に走る競技だからこそ、自分と向き合う時間が長く、みずからを見つめ直すには最適なスポーツだ。しかもそれは、誰かに与えられたものではなく、自分自身が苦しみに立ち向かうことを選択し、自分で気づく課題だから、より価値が高いのだ。

これがまさに、マラソンが「人生を豊かにする」理由でもある。

マラソンにおける失敗は、他人のせいではなく、すべてが自分に責任がある。そして、失敗の原因は誰よりも自分がよく知っている。その事実をあらためて認識し、理解し、受け入れ、そして改善しようと努力するスパイラルが、自分の人生を必ず高めることにつながるのである。

「大成功」といえるレースを経験できることは滅多にない。ほとんどの場合、次への課題が必ず見つかるものだ。だからこそ、ランナーは謙虚にならざるを得ない。

なかなか経験できることは少ないが、もし成功を体験することができれば、「やればできる」という自信を得ることができる。

人によっては、「成功＝完走」かもしれない。高齢者のランナーのなかには、「来年は生きていられるかどうかもわからない」と笑っておっしゃる方もいる。実際そうした気持ちをもって完走するランナーは数多い。肉体的なつらさを乗り越えて味わうゴールの喜びと感動が「また感動を味わいたい」と、彼らを次のレースへのトレーニングに駆り立て、明日からの人生に活力を与える。

マラソンは、こうした自分の課題を解決し、成功に導くプロセスをマネジメントして楽しむ競技でもある。経営上の失敗は取り返しがつかないが、マラソンでの失敗は自分にのみ降りかかるので、自己責任の下、いくらでもやり直しがきく。最近多くの経営者が、マラソンに参加するのは、こうしたところにも理由があるのかもしれない。

マラソンに挑むランナーにとっては、地位も名誉も財産も関係ない。マラソンを通じて得る成長は、大会への参加を決意し、スタートラインに立つすべてのランナーに平等に与えられた権利であり、誰もが実感できる魅力なのである。

失敗続きだとしても、ゴールするたびに、人は感動を味わい、マラソンの魅力にとりつかれ、また次のレースにチャレンジする。本当に不思議なスポーツだといっていいだろう。

現代人は、精神的なストレスが多い。精神的なつらさは、肉体的な喜びで解消するのが一番。実際多くの人が、リラクゼーションや身体をいたわることには労とお金を惜しまない。

一方で、肉体的なつらさを味わい、それを乗り越えることで、精神的な喜びを得ることもできる。しかし、現代人は肉体的な痛みを味わう機会がとても少ない。こうした肉体的苦痛を味わった先にある精神的な喜びを得るために、マラソンは最適なスポーツだともいえる。

マラソンにおける失敗や成功の定義も、競技の楽しみ方も、すべて自分が決めることだ。それがボールゲームとの違いでもある。

ボールゲームの場合は、すべてが勝負に帰結する。ゴールを決めるか、ヒットを打つか、三振にしとめるか……。こうしたプロセスを経て、最終的に、相手よりも得点を多くとることが「勝利」の絶対条件になる。

しかし、マラソンは違う。優勝者はトップでゴールする、ただひとりしか存在しないが、レースの勝利の形は人それぞれさまざまである。1位でゴールすることを「勝利」と定義して走っている市民ランナーはほとんどいない。絶対的な結果だけが評価されるスポーツではない。それだけ、マラソンはフレキシブルなスポーツだともいえる。

私が現役選手だった当時は、実はこうした気持ちを感じることができなかった。優勝した時、もしくは自己ベストをだせた時だけ喜ぶことができ、それ以外の時は、うれしいと思ったことはなかった。もちろん、そのくらいのモチベーションがないと、アスリートとしては、なかなかトップを極めることは難しいことも事実である。

幸運にも私は、マラソンにはそれ以上の魅力があると知ることができた。それは、多くの市民ランナーのみなさんから教えられたことである。

オリンピックに出場できるわけでもない。世界記録を出せるわけでもない。ゆったりとしたスピードで走りながら、誰よりも幸せそうにゴールシーンを迎える市民ランナーのみなさんの表情を通じて、マラソンというスポーツがもつ、本当の魅力に気づくことができた。そのことが、私にとってなによりの財産だと思っている。

成功が自信を生み、失敗が自分を育てる。

まさに、マラソンは人生を豊かにするスポーツなのである。

金 哲彦（きんてつひこ）

1964年2月1日生まれ、福岡県北九州市出身。早稲田大学時代、名将・中村清監督の下、箱根駅伝で活躍。4年連続で山登りの5区を担当。区間賞を二度獲得し、84年、85年の2連覇に貢献。大学卒業後、リクルートに入社。87年大分毎日マラソンで3位入賞。現役引退後は、リクルートランニングクラブで小出義雄監督とともにコーチとして活躍。有森裕子、高橋尚子などトップアスリートの強化に励む。その後、同クラブの監督に就任。現在は、オリンピック選手から市民ランナーまで、幅広い層から厚い信頼を集めるプロフェッショナル・ランニングコーチとして人気を博す。テレビやラジオでマラソン・駅伝・陸上競技中継の解説者としてもおなじみ。日本陸上競技連盟強化委員、NPO法人ニッポンランナーズ理事長。『金哲彦のランニング・メソッド』、『金哲彦のウォーキング＆スローラン』(高橋書店)。『3時間台で完走するマラソン まずはウォーキングから』(光文社)。『「体幹」ランニング』、『走る意味 命を救うランニング』、『「体幹」ウォーキング』（講談社)。『金哲彦のマラソン練習法がわかる本』（実業之日本社）など著書多数。

構　　成　中村聡宏
装　　丁　小島正継 (graff)
イラスト　綿貫恵美
編集担当　阿部雅彦、神野哲也

金《きん》 哲彦《てつひこ》の
マラソンレース必勝法《ひっしょうほう》42
10日《とおか》前《まえ》から読《よ》めば速《はや》くなる！

2010年11月9日　初版第1刷発行

著　者　金《きん》 哲彦《てつひこ》
発行者　増田義和
発行所　実業之日本社　〒104-8233 東京都中央区銀座1-3-9
(編集) ☎ 03-3535-3361
(販売) ☎ 03-3535-4441
ホームページ　http://www.j-n.co.jp
印刷所　大日本印刷（株）
製　本　（株）ブックアート

ISBN978-4-408-45306-4（趣味実用）